◎ 俞钢 范荧 主编

先秦卷

中国历史悬疑系列

上海辞书出版社

出版说明

《中国历史之谜》是已故李培栋先生主持的一个出版项目，自1996年出版以来深受广大读者欢迎。2003年又先后出版了《中国历史之谜》（修订本）与《中国历史之谜·续编》，继续得到了读者朋友的支持。

2013年之后，我社根据图书市场需求，对《中国历史之谜》及修订本、续编和《中国文物之谜》等书进行梳理，按照朝代顺序，增补和删除部分篇目，并吸收历史学、考古学等学科的最新研究成果，最终整合为成规模的一套中国历史悬疑系列丛书，分为先秦卷、秦汉魏晋南北朝卷、隋唐五代卷、宋元卷和明清卷，整体推出。

特此感谢《中国历史之谜》的作者王廷洽、曾维华、俞钢、范荧、吴松弟、曹朔、邵雍、顾汉松、俞如云、恽菊珍、张莉、谢宝耿、丁光勋、董淮平、吴强华、沈逸波等，以及改写者范荧、俞钢、曹朔，《中国历史之谜·续编》的作者范荧，《中国文物之谜》的作者王俪阁。本套丛书在编辑出版过程中，得到主编俞钢与范荧的鼎力支持，赵玉平参与了本卷的选编，在此一并表示谢意。由于编辑时间仓促，书中难免存在一些瑕疵，敬请读者批评指正。

上海辞书出版社
2015年11月

目 录

- 人类起源地之谜 / 1
- 龙为何物 / 4
- "龙的传人"与中国人究竟有何关系 / 8
- 凤凰的原型是什么 / 12
- 夸父逐日意图何在 / 14
- 黄帝名号之谜 / 16
- 少昊立国方位之疑 / 18
- 中国丝绸何时产生 / 20
- 高阳氏族属之谜 / 24
- 三皇五帝究竟是谁 / 26
- 汉字起源之谜 / 28
- 是谁钻燧取火 / 30
- 伏羲称号之谜 / 32
- 神农氏是炎帝吗 / 35
- 牛耕起源于何时 / 37
- 谁是音乐的发明者 / 39

- ◎ 禅让制之疑
  / 41
- ◎ 尧舜殛鲧的千古隐秘
  / 43
- ◎ 尧子丹朱结局如何
  / 47
- ◎ 尧为何称陶唐
  / 49
- ◎ 湘君和湘夫人是谁
  / 50
- ◎ 大禹其人存在吗
  / 52
- ◎ 大禹治水之疑
  / 54
- ◎ 禹划定九州吗
  / 56
- ◎ 禹是否铸九鼎
  / 58
- ◎ 涂山在哪里
  / 60
- ◎《禹贡》成文于何时
  / 62
- ◎ 越族形成之谜
  / 64
- ◎ 酿酒术的发明者究竟是谁
  / 66
- ◎ 天干地支究竟是谁发明的
  / 68
- ◎ 太甲放桐宫之疑
  / 70
- ◎ 后母戊鼎有多重
  / 72
- ◎ 商纣王是暴君吗
  / 75
- ◎ 武王克商在何年
  / 77
- ◎ 商纣王死于自焚吗
  / 81
- ◎ 殷人可曾航渡美洲
  / 85
- ◎ 大洋洲商代墓葬遗存之谜
  / 88
- ◎ 姜太公年寿之疑
  / 93

- ◎ 楚国族源之谜 / 95
- ◎ 楚国都郢之谜 / 97
- ◎ 楚国诸敖究竟作何解 / 101
- ◎ 曾墓为何在随国 / 103
- ◎《周礼》作者之疑 / 104
- ◎《穆天子传》的真伪 / 106
- ◎ 史籀的含义是什么 / 108
- ◎ 车裂究竟是不是"五马分尸" / 110
- ◎ 王孙满究竟是什么身份 / 113
- ◎《逸周书》之疑 / 116
- ◎ 谥法始于何时 / 118
- ◎ 周代有无爵位 / 120
- ◎ 西周甲骨微雕之谜 / 122
- ◎ 耦耕之疑 / 125
- ◎ 是否存在井田制 / 127
- ◎ 三星堆遗址之谜 / 129
- ◎《乐经》之谜 / 138
- ◎ 老子姓名之疑 / 142
- ◎ 伍子胥掘墓鞭尸之谜 / 144
- ◎ 孔子是野合而生的吗 / 146
- ◎ 孔子是否诛杀过少正卯 / 150
- ◎ 孔子修过《春秋》吗 / 152

- ◎《春秋》为什么从鲁隐公开始 / 156
- ◎ "诗三百"是孔子删定的吗 / 160
- ◎《诗经》是诗歌总集吗 / 164
- ◎《诗经序》出自谁手 / 168
- ◎《越绝书》何人所作 / 170
- ◎《左传》是否伪书 / 172
- ◎《战国策》的编纂者究竟是谁 / 174
- ◎ 左丘明姓名之疑 / 177
- ◎ 谁写了《国语》 / 180
- ◎《孙子兵法》之谜 / 182
- ◎ 西施之谜 / 187
- ◎ "春秋五霸"究竟指谁 / 190
- ◎ 石鼓文之谜 / 194
- ◎《诅楚文》作于何时 / 198
- ◎ 墨子是否姓墨 / 200
- ◎ 墨子故里在何处 / 202
- ◎《墨子》作者之疑 / 204
- ◎ 李悝是李克吗 / 206
- ◎ 孙膑真的被剜去了膝盖骨吗 / 207
- ◎ 商鞅死因之疑 / 211
- ◎ 苏秦曾经身佩六国相印吗 / 214
- ◎《孟子》作者之疑 / 218

- ◎ 庄子故里在何处 / 220
- ◎《离骚》出自于谁手 / 222
- ◎ "扶桑"作何解 / 225
- ◎ 端午节由来之谜 / 228
- ◎ 长平之战"坑杀降卒四十万"吗 / 231
- ◎ 黄浦江与春申君有关联吗 / 235
- ◎ 春申君是公子吗 / 238
- ◎ 韩非死因之谜 / 242
- ◎ 田光自杀原因之疑 / 245
- ◎《山海经》作者究竟是谁 / 248
- ◎ 印章起源于何时 / 251
- ◎ 避讳习俗始于何时 / 253
- ◎ 穿胸国之谜 / 255
- ◎ "天兵天将"究竟是怎么回事 / 258
- ◎ "犀首"究竟作何解 / 262
- ◎ 岐舌国之谜 / 264

人类起源地之谜

自20世纪20年代我国科学家发现"北京人"化石以来,中国大地上已发现10万年前的原始人类遗址二十多处,包括40万—30万年前的和县人,80万年前的蓝田人,170万年前的元谋人,乃至200万年前的巫山人。长期以来,我们总是非常自豪地认为,我们祖先的足迹就是在中华大地上一步一步走过来的。但是,按照达尔文的观点,人类诞生地是在非洲,因为非洲存在着大猩猩和黑猩猩两种猿,这是人类最近的亲属。不过达尔文的观点在很长的历史时期内遭到质疑。

近年来,现代人的起源问题,是人类学家争论得最为激烈的问题,主要有两种极为不同的假说。一种观点是"多地区进化说",即现代人出现于任何有直立人群体的地方。如介于直立人和现代智人之间的尼安德特人(其化石发现于德国尼安德特山谷)是今天生活在欧洲、中东和西亚人群的直接祖先。亚洲和其他地区都可能是人类的起源之地,中国的考古学家多持这种观点。另一种观点认为现代人起源于一个地理区,一群群现代智人由这个地区迁徙和扩大到旧大陆的其他地方,替代了那里的现代人以前的人群。多数人类学家倾向于这个地理区是撒哈拉以南的非洲。两种观点孰是孰非?这个结论并不易得。

1987年，美国科学家通过线粒体DNA的研究，支持了"非洲起源说"。线粒体DNA只由母系遗传，很适合经过一代代的追溯去探究进化的过程。按照他们分析的结果，现代人的祖先可以追溯到大约15万年前居住在非洲的一个女人。从活着的人群的线粒体DNA进行分析，其结果是彼此相同，指向一个共同的较近的起源。

中国科学家也在进行"中国人群遗传多样性"的课题研究。他们采用能覆盖绝大多数染色体的微卫星标志（基因组中短的串联重复序列，因重复数目不同，在人群中存在很大的多态性。加之在染色体中分布均匀，可用作很好的遗传位标），将涵盖世界五大洲的十五个国外人群的样本和中国二十八个人群（包括四个汉族和二十四个少数民族群落）的样本放在一起测试分析，得出了几个很有意思的结论：一、中国南北方人群间存在基因差异，又有明显的基因交流。二、中国南北两大人群是一种起源，他们很可能是由非洲迁移过来，先到南方，再移到北方，这是发生在距今5万—3万年前的事。三、今天东亚人群的基因池主要来自非洲。这是中国科学家首次从遗传学上得出的东亚人群源出非洲的结论，引起了国际学术界的高度重视。

那么，怎样来看待多年来考古学关于人类起源的证据？遗传学家认为，考古学上距今十几万年前到距今5万—3万年之间的这段历史的化石是一个空白，如果能找到10万年之内的、已经进入现代智人阶段的化石，就会对现代人的起源有更多的参照意义。而且，中华大地上即使有庞大的早期人类群体，也不一定对今天生活在这块土地上的现代智人有遗传上的贡献。就像欧洲的尼安德特人，他们的特点是

"四肢发达，头脑简单"，躯体比现代人大，但脑容量却比现代人小，他们有一定的文化，很接近现代人，但是，这个群体却在3万年前消失了。最近对其化石作DNA分析，发现他们与现代人群确实不一样，说明他们并不是现代欧洲人的祖先。遗传学家推测，在中国这块土地上，大约在距今8万—2万年间的大部分时间被冰川覆盖，北方更冷。而古人类化石恰恰在10万年前就断档了。我们现在找到的现代人化石是5万年之前的，也就是说距今10万—5万年之间没有找到现代人的化石。很可能，冰川将原先在这块土地上的居民灭掉了，以后南方又有新的居民移过来，他们来自非洲，到了中东，再从巴基斯坦、印度、孟加拉国到现在的东南亚半岛，再往上到达中国的北方，进入的时间大约是6万—5万年以前。

考古学家完全不同意上述观点，他们认为距今10万—5万年间的化石"没发现不等于不存在"。且华南已经发现了距今10万—1万年之间的多个化石点，挖掘出猩猩、犀牛等多种热带动物的化石，可见华南那时候很暖和，为什么偏偏是这块大地上的人类会冻死？从170万年前的元谋人、1.7万年前的山顶洞人，到今天的现代人，华夏大地上的人种都是前后传承的，以远古石器作证：西奈半岛是非洲到亚洲的必由之路，10万年前那里的石器已经很精致，但中国的石器直到3万年前仍然很粗糙，如果6万年前非洲人真的途经以色列进入中国，为什么他们的先进工艺却一点也没有带来呢？

中国人的祖先究竟是土生土长的山顶洞人？还是走出非洲的"移民"？探寻这条"寻根"之路虽然艰难，但不是很精彩而有意义吗？

龙为何物

中华民族自以为是龙的传人,中国文化又可称为龙的文化。这种神秘而令人惶恐的怪物,在中国历史舞台上活跃了数千年。可是龙为何物呢?

● 海中之龙(《点石斋画报》)

《易经》曾提到潜龙、见(现)龙、飞龙、亢龙,又说龙在野外争斗;《左传》说龙是一种水物;《韩非子》则说龙是虫,当它温柔欢狎时，人们可以骑它，但一旦触动它喉下的逆鳞，就会杀人。先秦典籍中有关龙的记载已成歧说，而秦汉之际的典籍，更为龙涂上了一层神秘的色彩。《史记》说秦始皇称为祖龙，又说汉高祖是其母与蛟龙交感而生，因而他"隆准龙颜"。已出土的秦代龙纹空心砖长达一米，龙样为蟒身、兽头，有四肢，每肢三爪，身饰圆珠纹和蕉叶纹，头上长角和须鬣，龙已被神化。《论衡》直言不讳地说，龙是皇帝的象征。《说苑》《说文解字》则进一步神化龙："鳞虫之长，能幽能明，能细能巨，能短能长，春分而登天，秋分而潜渊。"这样，龙就被神化为灵物，千余年来为大多数臣民所顶礼膜拜。

20世纪以来，不少学者试图对龙作出科学的解释，说法竟多达十余种。闻一多《伏羲考》认为，以大蛇为图腾的族团兼并、吸收了许多别的形形色色的图腾族团，大蛇也就接受了兽类的四脚，马的头，鬣的尾，鹿的角，狗的爪，鱼的鳞和须等，这才成为我们所知道的龙。《甲骨学·文字编》和海斯（Newton Hayes）《中国的龙》都认为，龙是远古的恐龙。章太炎《说龙》指出，《韩非子》所描绘的龙就是鳄鱼；《九歌新考》则进一步指出，鳄鱼种类有尼罗河鳄、印度鳄、马来鳄、密西西比鳄等，但均非我国所产，唯扬子鳄产于我国，因而龙的原型极可能是扬子鳄。《周易笺》根据《周礼》"马八尺以上为龙"的记载，认为《易经》中提及的龙都指马。可是马并非生在水中，龙源于河马便应运而生了。刘城淮《略谈龙的始作者和模特儿》一文指出，《山海经》《尚书》中有关水马、"龙马出河"的说法，均指河马。可是，该文同时又主张龙为蜥蜴，因为蜥蜴俗称"石龙子"，可见长期以

● 雨中之龙（《点石斋画报》）

来民间就认为蜥蜴属于龙的一类。顾自力《试探中国古代神话中龙的起源》则认为，龙起源于水牛，二十八宿中苍龙的形象酷似水牛，有头角、兽体、四足；山西"夏墟"出土的彩陶盘所画的单首双身螭龙为蛇身，但只是水牛形象的夸张而已。孙守道、郭大顺《论辽河流域的原始文明与龙的起源》则指出，内蒙古翁牛特旗三星他拉村出土龙形玉的首形，有显著的猪首特征，颈脊也有猪体形象所必有的标志；且红山文化遗址曾发现大量猪骨；猪又是祭祀常物，也被视为水兽，在祈求雨霖、祷防洪涝的活动中，当然会选择它为沟通人神之间的信物，进而演化为龙。郭长生《试述槃瓠图腾的龙的因素》说，苗族祭

● 水龙灯（《点石斋画报》）

祀槃瓠大王形象是"龙头狗身"，亦称为"龙犬"，槃瓠庙也称"龙王庙"，故龙又与犬有关。马世之《龙与黄帝部落的图腾崇拜》则举仰韶文化半坡类型细颈瓶上"鱼鸟纹"为例，认为画中之鱼是螭龙。《周易通义》《说龙》和《释龙》则认为，龙指雷电的形象。《诸神的起源》又说，龙的实体是云。日本学者森安太郎《中国古代神话研究》还认为，龙形由星象而来。甚至还有人认为，龙是长颈鹿、蜗牛、蚕、生殖器、穿山甲、鸡、蝌蚪、泥鳅、羊、黄鳝等。

龙为何物，终莫得解，龙的形象仍旧笼罩着神秘的迷雾。

"龙的传人"与中国人究竟有何关系

有一首名叫《龙的传人》的歌曲，唱遍了大江南北。曾几何时，"龙的传人"这个概念，已深深扎根于中国人的心目中。但是，中国人不是一向自称是"炎黄子孙"吗？怎么又是"龙的传人"了呢？龙与我们中国人究竟有什么关系呢？

其实，说"龙的传人"自然不是说中国人是其中哪一种动物的后代，而是说中国人与那已被神化为灵物的"龙"有着某种联系。那么，这种联系是什么呢？

一种说法是，自古以来，中国民间一直传说皇帝是龙投的胎，是"天上真龙下凡"。《史记·秦始皇本纪》记，秦始皇称"祖龙"，意思是中国历史上第一条龙。《尚书考》记，秦王政以白璧沉河，

● 伏羲女娲（汉代石棺画像）

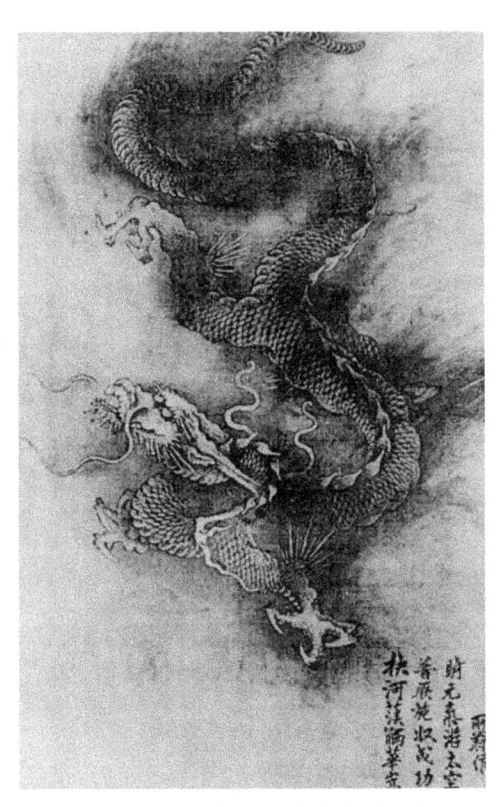

● ［宋］陈容《云龙图》

有黑头公从河中出，呼政曰："祖龙来授天宝。"于是，秦始皇也相信自己是真正的"天龙"，是"受命于天，既寿永昌"。汉高祖刘邦也是一条龙，《史记·高祖本纪》载："（高祖）父曰太公，母曰刘媪。其先刘媪尝息大泽之陂，梦与神遇。是时雷电晦冥，太公往视，则见蛟龙于其上。已而有身，遂产高祖。"还说高祖年轻时好酒及色，酒醉而卧，"其上常有龙"。又曰"云从龙"，故高祖隐匿之处上多云气，吕后寻高祖常常"一索即得"，高祖得知原因后，十分欣喜，而"沛中子弟或闻之，多欲附者矣"。龙的神话，为高祖打天下帮了不少忙。秦汉以后，许多封建帝王都有类似的"真龙投胎"的"身世"。既然皇帝是龙，作为他的子民，自然就是"龙的传人"了。

另一种说法是，龙是中国先民的图腾。图腾是一个从国外引进的概念，意思是：原始社会，人们常用一种自然物——植物或动物为符号，以表示团体或民族的血统，并对之加以崇拜，这种自然物，就是本民族的图腾。图腾学说于二百多年前在欧美传播，经奥地利精神分析学家弗洛伊德的发展，影响甚大，也为中国学者所接受。如范文澜先生在《中国通史简编》中说道：东方夷族酋长太昊，神话中说他是人头蛇身（一说龙身），可能就是以蛇（或龙）为图腾的一族。居住在北方、西方的民族被统称为狄族、戎族，其中的犬戎族自称祖先是两头白犬，应该是以犬为图腾的。炎帝据说是牛头人身，大概是牛图腾氏族。还有一些中国学者将古籍中记载的许多奇异的自然物，如《山海经》中的马首人面神、人面鸟身神、人身羊角神等，都称之为"图腾"，每个神（图腾）代表某个氏族或部落。按上述说法，"龙的传人"就是"以龙为图腾的氏族的后人"。

还有一种是"族徽"说。族徽也是舶来品，西方一些民族或家族常常有本族的徽号以区别于他族，族徽是本族人民引为自豪、视为神圣的东西。中国夏朝的祖先禹的来历，据《史记·夏本纪》张守节正义谓，是禹的母亲梦吞薏苡神珠而生。但是仍有人认为，夏族的祖先是蛇与龙相交传下的种，你看，夏禹善于治水，治好了九州，不是同龙有些关系吗？

上述说法各有特色，但都不谨严，因而有不少学者提出异议。如王家广就指出，图腾是外国的事物，中国的先民不一定经历过图腾阶段。《山海经》是战国时人编的，都是神话，没有真凭实据，硬把神话改编成图腾，实在有生搬硬套之嫌。新中国成立之后几十年的考古发掘，出土了大量的石器遗址、遗物，但至今未见图腾的遗迹。且根据弗洛伊德的分析，初民禁忌在图腾之前，但无论处在农奴制、奴隶制，还是处于原始阶段的民族当中，我们可以发现许多本民族特有的禁忌，但却看不见有什么图腾。既然我们不能肯定中国历史上有过图腾，又没有发现任何龙图腾的实物迹象，难道就能断言龙是中华民族的图腾？族徽说也存在很大漏洞，其依据一是神话传说，这本身就是不可靠的；另一依据是夏器的金文铭识。但是这些夏器都是宋代薛尚功的《历代钟鼎彝器铭文款识》所记载，该书所举的夏代彝器真伪莫辨，都不足以为证。

我们很想揭开中国人为什么自称是"龙的传人"这一谜底，但是这个问题至今仍然无法得到令人满意的解释。不仅如此，它还涉及"中国历史上是否有过图腾"这一更为复杂的疑谜，因此，解开这一系列的谜团，就不是指日可待的事了。

● 龙（战国印）

● 伏羲（战国印）

凤凰的原型是什么

龙飞凤舞，是中华民族传统文化的象征。然而，凤凰的原型究竟是什么？对此，历来说法不一。

有人说凤凰是鸵鸟，也有人说凤凰是极乐鸟，更有人说凤凰是某种早已灭绝的巨鸟。但是，细加考辨后便会发现，鸵鸟之类我国根本没有，说它是某种早已灭绝的巨鸟也欠证据，这些都不可能成为凤凰的原型。于是，有人主张凤凰的原型应是与其形状较相似的孔雀。主要依据是《尔雅·释鸟》的记载："鹓凤其雌皇。"郭璞注曰："鸡头，蛇颈，燕颔，龟背，鱼尾，五彩色，高六尺许。"可见，凤凰和孔雀形状有相似之处。

既然凤凰的原型是孔雀，那么古人为何极少将两者联系在一起呢？这样，又产生一种说法，认为凤凰的原型是雉类，即俗称的山鸡、野鸡、锦鸡等，它以雉类为主体，融合了鹰等许多种鸟的典型

● 凤凰（《山海经存》）

形象，应是以雉类为代表的艺术结晶。此说的主要理由是：一、两者形貌十分相近。《说文解字》云："凤之象也，五色备举。"也即凤凰的羽毛五彩斑斓，而雉类，据《文选·射雉赋》的记载，也是"聿采毛之英丽兮，有五色之名翚"；凤凰之首为鸡头、蛇颈，而雉类之首也如此；凤凰之尾羽修长、雅丽，而雉类与之同。二、从古代留传的字画中，可见两者非常相近。古代卜辞中的一些象形"凤"的字，与雉类接近。又据《人民文学》1953年第十一期郭沫若《关于晚周帛画的考察》一文介绍，战国时楚国的一幅帛画中绘有一只凤凰，其整个体态极像雉类。三、雉类善良、勇猛的禀性，是古代人民所尊奉的，它融化进凤凰的形象里，使凤凰成了吉祥之鸟。人们祈求凤凰运用神力保天下安宁，以此有了强劲的精神寄托。四、雉类求偶的情景，也与凤凰类似。《诗经·小雅·小弁》云："雉之朝雊，尚求其雌。"雉类往往偶居，形影不离，而凤凰也是"凤侣鸾俦"，意味着最佳的姻缘。正因为如此，古代妇女既爱好用雉类作装饰，如用雉羽饰车舆，又喜欢凤冠、凤簪、凤钗、凤衣、凤鞋之类的饰物，寓含着对幸福爱情的憧憬。

凤凰的原型到底是华美的孔雀、雅丽的雉类，还是其他，看来尚难作出明断。

夸父逐日意图何在

在古老的传说中,保留了很具魅力的夸父逐日的故事。故事本身倒并非众说纷纭,只是这位巨人逐日的意图,实在令人费解。

夸父逐日这个故事,主要来源于《山海经》和《列子》的记载。夸父是被称为"夸父"的大人国的一员,两耳各挂一条黄蛇,双手又握持两条黄蛇,身高马大,两腿极长,疾走如飞,"欲追日景",一直追到西方禺谷,终于赶上了。他燥热口渴,喝干河、渭之水,仍不解渴,再往北去喝大泽水,半途因干渴而死。他弃下的手杖化作一片邓

● 夸父逐日(日本草堂版《山海经》)

林（或作桃林）。这里说他逐日的意图是"欲追日景"。

同出《山海经》的另一说是"夸父与日逐走"，认为他自恃奔走飞快，而想与太阳比赛。

今人运用神话学的研究方法进行解释。刘城淮《中国上古神话》认为，夸父是为了消灭旱灾而去追日，其主要理由是：一、这则故事中夸父与太阳斗争的焦点是干旱，夸父在找水途中倒下，说明人们需要水，其杖化为邓林，是希望用森林之荫来抗击太阳，遮护人民。二、由这则故事演化成《二郎捉太阳》的神话，也反映出惩处干旱的祸源，根除旱灾的愿望。三、这则故事与其他地区流传射日除旱的神话，同属一个类型。

那么，是否还可以把夸父逐日的意图，理解为出于原始人想了解太阳东升和西落的规则的心态呢？

黄帝名号之谜

按《国语》记载,少典氏娶有蟜氏之女,生下黄帝和炎帝,黄帝在姬水边成长,因而姓姬。又据《史记》说法,黄帝姓公孙。于是,《史记索隐》就调和两姓,说黄帝本姓公孙,因在姬水边成长,故改姓姬。此外,《史记》还说他名轩辕,但未说明因何而得名。《史记集解》说他号有熊,《史记索隐》就进行比附,说黄帝本是有熊国之子,故号有熊,轩辕是他的名号,因居轩辕之丘,遂以为名,又以为号,又根据《左传》记载,说他亦号帝鸿氏。《史记正义》解释说,黄帝为有熊国君,号有熊氏,又曰缙云氏,又曰帝鸿氏,亦曰帝轩氏。轩、辕两字都与车子有关,故齐思和《论黄帝之制器故事》(《古史辨》第七册)把我国车子的发明归功于黄帝。《路史》讲得更具体,说黄

● 黄帝(《三才图会》)

帝在空桑山北创造车子，"横木为轩，直木为辕，故号曰轩辕氏"。至于黄帝之所以称黄帝，古人似乎众口一词：他"有土德之瑞，土黄色，故称黄帝"。

近代史学家则提出黄帝即皇帝，亦即原始人意识中的上帝（上天）的意思。杨宽《中国上古史导论》根据《风俗通》《春秋繁露》等古代文献，把应该写作黄帝的地方多写成皇帝，如《易经·系辞》："黄帝尧舜垂衣裳而天下治。"《风俗通》则作："皇帝尧舜垂衣裳而天下治。"而且，从音韵学上讲，黄、皇同音同声，故黄帝即皇帝。又《尚书·吕刑》中皇帝与上帝也互相通用。这样看来，黄帝似乎可与皇帝、上帝画等号了。然而，"皇帝"称号自秦始皇创用以后，泛指中国最高统治者，"上帝"则别具神格意义，"黄帝"专指五帝中之首帝，又成一般共识。因而，此三者在实际应用上已是不可混淆的了。

少昊立国方位之疑

少昊亦作少皞,继太昊氏而立国。由于古文献中有少昊立国在东方的记载,也有在西方的资料,因此成谜。

《礼记·月令》说,东方之帝谓之太皞,西方之帝谓之少昊;《山海经·西次三经》说,少昊居于西方长留之山;《拾遗记》说少昊主西方,号金天氏,亦号金穷氏。看来,少昊立国于西方凿凿有据。

《左传·定公四年》说,伯禽封于少皞之墟;《史记·鲁周公世家》说,封周公旦于少皞之墟曲阜;《左传·昭公十七年》记载郯子的话说,郯国高祖少皞挚立国时,正好凤鸟飞过;《山海经·大荒东经》说,少昊之国在东海之外的大壑。据此,说少昊立国于东方,为东夷人的首领之一,也不乏证据。

究竟少昊立国是在东方还是在西方,或者东方、西方都有少昊氏的部落?于是,有人否定少昊氏是人,不过是一只鸷,是百鸟之王。其根据就是《左传·昭公十七年》所记郯子的话,郯国高祖少皞挚因确立时正好凤鸟飞来,因此纪于鸟,为鸟师而鸟名,挚设立的官员有凤鸟氏、玄鸟氏、伯赵(即伯劳、杜鹃)氏、青鸟氏、丹鸟氏、祝鸠氏、雎鸠氏、鸤鸠氏、爽鸠氏、鹘鸠氏等五鸠五雉。

然而，李玄伯《中国古代社会新研》指出，少昊氏是以鸟为图腾的氏族团体，而东夷人多以鸟为图腾，这一说法从另外的视角论证了少昊为东夷人的首领，所立之国在东方。

中国丝绸何时产生

中国丝绸,源远流长,它像云霞般瑰丽,又如鲜花那样缤纷,几千年来一直是举世公认的高贵的服饰材料。丝绸是中华民族的骄傲,也是中国古代文明的见证。

当公元 3 世纪中国丝绸出现在欧洲时,西方贵族被它的美丽倾倒,不禁惊呼道:"这真像是一个美丽的梦。"那么,这个美丽的梦是如何实现的?中国丝绸是何时降临人间的?它又是谁发明的?人们是否已经揭开了这些奥秘?

一个动人的传说,记录着中国丝绸的诞生。四千七百多年前的一天,黄帝轩辕氏的妻子西陵氏(或说为西陵氏之女)——嫘祖在外散步,见一位仙女飘然而来,又腾跃上树,化为头似马面、身体细长的虫,吐着闪亮的细丝,结成白色的果实。嫘祖命一侍女爬上树,将果子抛下,凑巧一个果子抛进了为嫘祖准备的热水中,当人们把它取出来时,却捞出一缕纤细的丝,轻盈光滑,绵绵不绝。嫘祖觉得有趣,就将树上的果子全采下带回去,放在热水中抽出丝来,又设法用这丝织成织品,制成衣服,穿在身上既美丽又舒服。黄帝看了很高兴,就把这果子叫做"茧",把结茧的虫叫做"蚕",蚕吃的叶叫做"桑叶",茧中抽出的纤维叫做"丝"。又组织一些人,由嫘祖亲自教她们养蚕、缫丝、织绸的技术，从此，美丽的丝绸就诞生了。

不要以为这是随口杜撰的神话，"嫘祖养蚕"在中国史籍中也是有记载的。北宋刘恕的《通鉴外记》中记："西陵氏之女嫘祖为帝元妃，始教民育蚕、治丝茧以供衣服……后世祀为先蚕。"罗泌也在他的《路史》中证实"嫘祖始养蚕"。创作年代比上述二书更早的《隋书》在记载南北朝祭祀的时候，也提到蚕神西陵氏。

那么，是否就是嫘祖发明了蚕丝生产呢？现代人认为这是不可能的。从野蚕变成人工饲养，从缫丝到织绸，其中有许多生产环节，需要人类的长期研究、试验，最终才会有所突破。这是世代劳动人民智慧的结晶，绝非一个人在某一时期就可凭空造出来的。历史上把蚕桑的发明归功于嫘祖也是可以理解的，范文澜在《中国通史简编》中说，中国人认为黄帝是中华民族的始祖，许多文明制度都是他制定的，蚕丝生产起源早，又是妇女的工作，于是把它的发明权从黄帝转移到他的妻子身上，也是顺理成章的。

于是，蚕丝生产的起始时代就成为一个问题了。

1926年，清华大学研究院组织的一个考古队在山西省夏县的西阴村发掘到新石器时代遗址，在发掘坑底部时发现了大半个茧壳化石，同时出土的还有与纺织有关的石制纺轮、纺锤和骨针、骨锥等。这个茧壳表面仍有光泽，被切割部分极其平直，不会是野蚕偶然吐的，而是经过人工的割裂。这说明早在六千多年前我国就有了蚕茧，并且已经为人们所利用。但是，一些经验丰富的考古工作者明确表示反对，他们的理由是：新石器时代生产技术极其原始，养蚕、织绸是绝不可能的。而且蚕茧这样的有机物体不可能在土质松、密封性差的黄土高原保存几千年。再说，当时只有石器、陶器，不可能把蚕茧切割得那么平直。结论是，这半个茧子不是新石器时代的遗物，而是后来混入的。两种意见截然相反。

半个世纪以后，考古发掘又提供了许多关于蚕丝的新资料，其中最有意义的是1958年在浙江吴兴县（今湖州市吴兴区）钱山漾遗址中发现的一块绢片。绢片尚未炭化，呈黄褐色。经纺织工作者多次鉴定，确认是桑蚕丝，是经过缫丝加工后的长丝织成的，经纬丝平直又均匀。这是我国，也是世界出土最早、最完整的丝织品。人们将绢片与同批出土的稻谷一起去做放射性碳素测定，得出其绝对年代为距今四千七百年左右，正相当于传说中的黄帝时代。也可以说，"嫘祖养蚕"之说，似乎有案可考。

但是，这块绢片显示出，当时不仅已掌握了缫丝工艺，并且还有很好的织绸工具，与同时代的其他文物相比，这显得很不相称。于是有人提出怀疑说：钱山漾是个沼泽地带，绢片浸泡在污水中几千年还可能保存吗？在那样早的时代里，能否织成那样进步的丝织品？钱山漾文化层是否经过部分扰乱？结论又是：绢片是否属于新石器时代，暂可存疑。

近年，在河南郑州西北40千米处发掘到仰韶时期原始村落遗址，考古工作者在出土的婴幼儿陶棺内发现，一些遗骨上黏附有灰白色和灰褐色炭化丝织物碎片、残迹以及少量灰白色粟粒状炭化物。这些丝织物残片尽管已年代久远，却仍具有丝纤维光泽。至1998年底，考古学家确认，这是中国迄今发现的最古老的丝织物，距今已有五千五百年的历史，显然属于新石器时代的蚕桑织物。它的发现，将中国人制造和使用丝织品的年代向前推进了一千年。

据此，人们已可乐观地断言：中国的丝绸之光点燃于人类的新石器时代。但仍有人谨慎地认为，考古中的某一异常文物尚不能作为某一重大问题的证明。这样，丝绸的诞生年代，仍然得算是一个谜，人们期待着新的考古发现来提供更有价值的文物资料，使这一问题早日真相大白。

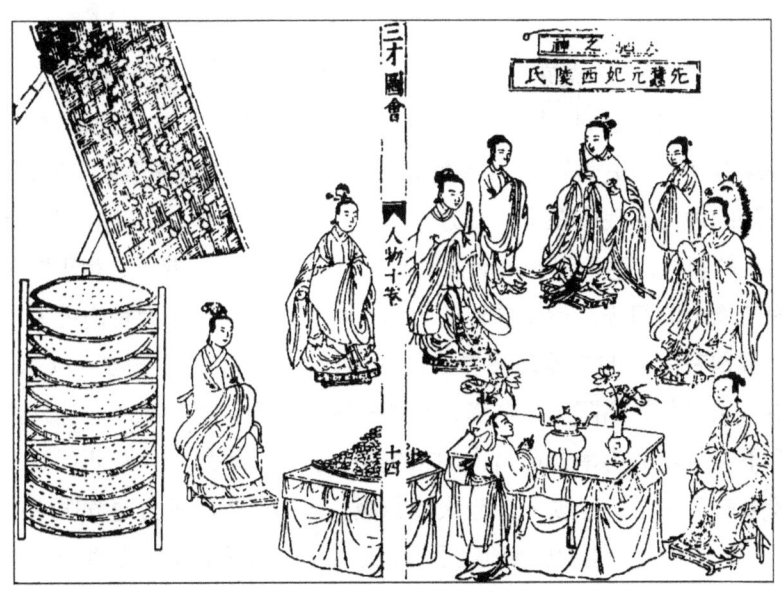

● 西陵氏（《三才图会》）

高阳氏族属之谜

高阳氏又称颛顼或帝颛顼,是继黄帝以后又一个杰出首领。传统的记载说他是华夏族人的祖先,可是又有其他古书记载说他生在东方,或说他的后裔在南方,或说他的子孙在西方,也有说他是北方民族的祖先。这样,高阳氏难道真是东南西北中之人吗?他究竟是什么族的祖先呢?

《山海经·大荒东经》说帝颛顼生活在东海之外的大壑,那里有甘山、甘水、甘渊。《吕氏春秋》《史记》说他生于若水,处于空桑山。郭沫若《中国史稿》、萧兵《楚辞与神话》等根据这些记载,考证颛顼所处的地方在我国东方,东方是东夷人活动的圣地,因此高阳氏是东夷人的祖先。这一说的证明方法是,"处于、养于、葬于、生于"某地为某族人的祖先。运用同样的方法,可在《山海经·大荒南经》中找到颛顼在南方的根据,又可把若水考证为四川若水,再加上《离骚》中屈原自称是高阳氏的苗裔,长沙战国帛书中曾提到颛顼,这样高阳氏不又可以成为南方苗蛮人的祖先了吗?《山海经·大荒西经》还有较多有关黄帝、颛顼子孙在大荒西极、日月所入的地方建立国家的记载。《说高阳》则提出颛顼生于西徼若水,在昆仑山麓,是西方昆仑民族的祖先,亦即西戎人的祖先。《山海经·大荒北经》《淮南子》《礼记》

等典籍记载颛顼葬在北方附禺之山，颛顼是北方水神，则又可证高阳氏是北狄人的祖先。当然能证明高阳氏是中原华夏人祖先的资料就更多，这也是最古老的传统说法。

近年研究中，有人提出以"神不歆非类，民不祀非族"（即神灵不会享用不是与己同族类贡奉的祭品，民众也不会祭祀不是本族的祖灵）作为确定高阳氏族属问题的原则。由于《国语》《礼记》《大戴记》等典籍都记载高阳氏是夏后氏祭祀的祖先神，所以高阳氏应当族属华夏。至于古籍中有关高阳氏在东南西北的记载，似可认为是高阳氏部落在游徙各方时留下的子氏族。

高阳氏的族属问题，尚难以定论，高阳氏的千古传说只能显得愈加神秘。

三皇五帝究竟是谁

我国古代有把远古三个"皇"和上古五个"帝"合称为"三皇五帝"的传说,秦始皇为表示其地位之崇高无比,曾采用三皇之"皇"、五帝之"帝"构成"皇帝"的称号。那么,三皇五帝究竟是谁?说法颇多分歧。

《史记·秦始皇本纪》记始皇帝下令"议帝号"时,丞相、御史、廷尉等与博士说,天皇、地皇、泰皇为三皇,且认为泰皇最贵。《太平御览》卷七十八引《春秋纬》提出天皇、地皇、人皇为三皇的另一种看法,似乎泰皇即人皇。《尚书大传》和《白虎通义》等,则又主张三皇应为燧人、伏羲、神农,而《运斗枢》《元命苞》等纬书,除了认同伏羲、神农外,补上了创造人类的女娲。此外,《帝王世纪》以伏羲、神农、黄帝为三皇,《通鉴外纪》又以伏羲、神农、共工为三皇。唐朝司马贞为《史记》作《索隐》时补作《三皇本纪》一篇,附于《史记》,影响很大,他提出的"三皇"

● 天皇(《三才图会》)

是庖羲氏（伏羲）、女娲氏和炎帝神农氏。由此看来，伏羲、神农占了三皇之两席，诸说基本一致，而第三位究竟是谁，分歧较大。

至于五位古帝，说法也各异。《世本》《大戴记》《史记·五帝本纪》列黄帝、颛顼、帝喾、唐尧、虞舜为五帝；而《礼记·月令》以太皞（伏羲）、炎帝（神农）、黄帝、少皞、颛顼为五帝；《尚书序》《帝王世纪》则视少昊（皞）、颛顼、高辛（帝喾）、唐尧、虞舜为五帝。此外，又有把五方天神合称为五帝的神话。东汉王逸注《楚辞·惜诵》中的"五帝"为五方神，即东方太皞、南方炎帝、西方少昊、北方颛顼、中央黄帝；而唐贾公彦疏《周礼·天官》"祀五帝"，为东方青帝灵威仰、南方赤帝赤熛怒、中央黄帝含枢纽、西方白帝白招拒、北方黑帝汁光纪。

三皇五帝究竟指谁？对于五帝，一般采取《史记·五帝本纪》的说法，至于三皇，则无从确定了。

● 地皇（《三才图会》）

● 人皇（《三才图会》）

汉字起源之谜

文字的使用,是人类文明一大进步。汉字以象形文字为特征而在人类语林中独树一帜,它在文字、语言上的优点,也正在为使用表音文字的人们所认识和接受。汉字起源于何时,又是谁创造的,至今并没有一致的说法。

● 仓颉(《三才图会》)

《世本》《荀子》《吕氏春秋》《韩非子》等古文献,都说汉字是在黄帝时代由仓颉、沮诵两人创造的。许慎《说文解字》试图作出比较圆通的解释,认为伏羲作八卦"以垂宪象",启发人们根据不同事物去作不同的符号。神农氏时代"结绳而治",但庶事繁多,终于不能满足,在黄帝时代就出现了仓颉,"见鸟兽蹄迒之迹,知分理之可相别异也,初造书契";并说仓颉初造书契时,"依类象形"谓之文,后来"形声相益"谓之字。经过长期演进发展,总结成构成汉字的六种方法，称为"六书"，即指事、象形、形声、会意、转注、假借。《元命苞》则说，仓颉仰观星象圆曲之势，俯察龟纹、鸟羽、山川，甚至手掌纹路等，都是他据以创作文字的基础。在近代文字学建立以前，《说文解字》有关汉字起源的学说，无疑是最权威的。

然而，《尚书孔传》和《拾遗记》则说伏羲造书契以代结绳，文籍也在他那个时代兴起，这显然要比黄帝时代早得多了。

在疑古思潮的影响下，《经学六变记》提出另一种看法，认为汉字实际上是孔子亲手制定的。但甲骨文的发现迅速粉碎了这种神化孔子的说法。甲骨文的发现也动摇了《说文解字》有关文字起源的传说，对传说的"六书"理论也提出了各种质疑。

随着仰韶文化陶器记事符号的发现，不少专家认为那是具有汉字性质的符号。根据考古发现，龙山文化、大汶口文化、良渚文化和二里头文化中出土了一大批带有记事符号的陶器，有些确实非常接近于文字，特别是大汶口文化陶符 ⌐、⊐、♃、♇ 等图形被释读为斤、戌、炅、炅山或斧、锛、且等，于是人们认为中国文字起源于陶器刻符。然而，平心而论，现有陶符接近汉字的还不多，而且能释读的更少，汉字起源于陶刻符号的结论似乎过早。不过陶刻符号的发现和释读，毕竟使人们看到了解决汉字起源问题的曙光，人们寄希望于有更多的出土资料和更多的研究成果。

是谁钻燧取火

我国有燧人氏钻木取火的古老传说。据《韩非子·五蠹》和《白虎通义·号》记载,曾经有一位圣人钻燧取火,教民熟食,有利于人类的健康,于是人们称这位圣人为燧人氏。本来,这似乎并无疑问,可是另一些古籍记载,伏羲氏、炎帝、黄帝等也曾利用火来为民造福。

● 燧人钻木取火(《绘图廿四史通俗演义》)

现代更有人认为，燧人用火传说是后人附会的。

《绎史》卷三引《河图挺辅佐》说，伏羲"禅于伯牛，钻木作火"。袁珂《中国古代神话》说，伏羲又叫庖羲、炮牺，含义就是"养牺牲以充庖厨""变茹腥之食"的意思。而且，伏羲是雷神的儿子，雷电会造成熊熊大火，把取火的发明归之伏羲更为妥当。

《管子·轻重戊》："黄帝作，钻燧生火，以熟荤臊，民食之，无兹胭之病，而天下化之。"这样，黄帝也成了钻燧用火的圣人。

还有一种说法，源于《左传》。《左传·昭公十七年》记载，"炎帝氏以火纪"；《左传·哀公九年》亦载，晋国史墨为赵鞅占卜，有"炎帝为火师"之语。《论衡·祭意》中也有炎帝作火的类似记载。根据这些记载，可以认为炎帝是一位钻燧取火的圣人。今人刘城淮《中国上古神话》因此还主张，炎帝作火的神话到后世演化成燧人钻燧取火的神话。

伏羲称号之谜

我国传说时代的杰出人物伏羲,又称伏戏、伏牺、宓牺、包牺氏、庖羲、庖牺、春皇、太皞、太昊、太皞庖牺氏等,这不仅仅在称号上给后人造成疑问,而且不同的称号往往与传说中的各种发明创造联系在一起,很值得作一番探究。

伏羲,《楚辞·大招》中作伏戏,说他有乐歌《驾辩》。《世本·作篇》记载伏羲作瑟作琴。《世本·帝系篇》则说伏羲作乐章《扶来》。《广雅·释乐》说他所作的瑟有七尺二寸长,有二十七根弦。这样,伏羲成了一位伟大的乐师。

《易·系辞下》说,包牺氏仰则观象于天,俯则观法于地;观察鸟兽经过所留下的痕迹,近取诸身,远取诸物,创作八卦,用来比类天下万物。《史记·太史公自序》

● [元]李康《伏羲图》

说他作《易》、八卦。《论衡·齐世篇》中伏羲作宓牺，也说他创作了八卦。《天中记》卷四十则说"伏羲得神蓍而定皇策"，又说"庖牺氏作始有筮"。伏羲创造神筮卦术，也为五经之一《易》奠定了基础。

《绎史》卷三引《河图挺辅佐》说伏羲禅于伯牛，钻木作火；又引《三坟》说伏羲教民炮食，炮食即熟食；唐司马贞为《史记》作《三皇本纪》说伏羲"养牺牲以充庖厨，故曰庖牺"。这样，庖牺称号的来历，似乎得到合理的解释，伏羲成了取火的发明者和熟食的倡导者。

《易·系辞下》又说伏羲"作结绳而为网罟，以佃以渔"。《抱朴子·对俗》谓"太昊师蜘蛛而结网"。《序命历》说他"始名物虫鸟兽之名"；《路史·后纪一》则说他豢养牺牲，服牛乘马。《尸子》伏羲作宓羲氏，说他所处的时代野兽很多，所以教民狩猎。这样，伏羲又成了渔猎技术和驯服牛马术的发明者。《孔丛子·连丛子下》说，伏羲冒中毒的危险，亲尝各种草木，辨别五谷；《帝王世纪》则说他尝百药之味，制造九针，祛除病魔。这样，他不但辨别五谷可食者，而且发明了医术。

《路史》说伏羲作布，又引《皇图要览》说他化成蚕，西陵氏始养蚕，于是伏羲成了养蚕术和纺织术的发明者，使人民有衣穿。

《尚书孔传》和《拾遗记》又说伏羲造书契以代结绳，文籍因此而兴起。《管子·轻重戊》说他作九九之数，发明了乘法。《历书序》和《周髀算经》又说，他发明甲子历法和为周天划分了度数。《世本·作篇》和《古史考》又说，他用俪皮制定了嫁娶的礼仪。《山海经》《淮南子》等书又说伏羲创造了叫"建木"的天梯，通天上人间。此外，

● 伏羲（《三才图会》）

《独异志》说伏羲与女娲兄妹为婚，生出人类；《拾遗记》说，"春皇者，庖牺之别号""'庖'者包也，言包含万象"。这样，伏羲不但是人类的始祖，也是天下万物万象之神。

鉴于伏羲具有不同称号，也有许多创造发明，唐司马贞作《三皇本纪》时，试图对伏羲的不同称号和创造发明作解释，说太皞庖牺氏为风姓，代燧人氏做天下的首领；他画出八卦，创造书契代替结绳记事的方法，制定嫁娶的礼仪；因他发明渔网，所以称宓牺氏；因他养牺牲以充庖厨，所以称庖牺。这样，伏羲、太皞、庖牺、宓牺等几个主要称号就有了较合理的解释。至于其他如太昊、伏戏、伏牺等称号，很可能只是同音异字罢了。

神农氏是炎帝吗

继伏羲以后,神农氏是又一个对中华民族颇多贡献的传说人物。除了发明农耕技术外,还发明了医术,制定了历法,开创九井相连的水利灌溉技术等。因为他发明农耕技术而号神农氏,可是他又称炎帝、赤帝、烈(厉、列)山氏,则又成了与黄帝相争天下的首领。长期以来,对于神农氏是否即炎帝这个问题,一直悬而难决。《白虎通义·号》说,神农氏能够根据天时之宜,分地之利,创作了耒耜等家具,教民耕作,使人民获得很大的好处,故号神农。《世本·帝系篇》则首把炎帝和神农氏扯在一起称"炎帝神农氏",谓炎帝即神农氏,炎帝身号,神农代号。汉高诱注《淮南子·时则训》,提到赤帝时又把赤帝与神农氏合起来,说赤帝即炎帝,少典之子,号为神农,南方火德之帝。《左传》《国语》和《礼记》曾提到烈山氏能够播植百谷百蔬。东汉郑玄注《礼记》和三国韦昭注《国语》,都说烈山氏为炎帝。《水经注》卷三十二又把烈山氏和神农氏相并,说漻水西南经过厉乡南,水南有重山,就

● 神农氏(《三才图会》)

是烈山，山下有一个洞穴，相传是神农氏的诞生处，所以《礼记》称神农氏为烈山氏。而有关烈山氏称号的缘起，又有二说。《路史》认为，烈山原字当作列山或厉山，因神农氏"肇迹"于列山，故以列山、厉山为氏。刘城淮《中国上古神话》则认为炎帝为火神，放火烧山很猛烈，故为烈山氏。

《史记·五帝本纪》则隐喻炎帝与神农氏并非一人，说黄帝时，神农氏的时代已经衰落，诸侯之间互相侵伐，暴虐百姓，神农氏不能征讨，于是黄帝"修德振兵"，讨伐危害最大的炎帝和蚩尤，把他俩伐灭后威望大振，代神农氏而有天下。神农氏不事征伐，这与《庄子·盗跖》说神农氏"无有相害之心"、《商君书·画策》说神农"刑政不用而治，甲兵不起而王"相符合，怎么会变成炎帝这样"侵伐诸侯，暴虐百姓"的人呢？英勇善战的黄帝，竟然要与他"三战，然后得其志"。此外，《史记·封禅书》分列炎帝和神农氏为二人，徐旭生《中国古史的传说时代》也主张炎帝、神农氏为二人。由上观之，神农氏和炎帝是否即一人，仍无确解。

● 神农氏（《绘图廿四史通俗演义》）

牛耕起源于何时

我国是一个农业国家,农耕技术早在原始社会就已经出现。起初,耕地用称为耒耜的脚踏农具,操作时用手把着耒耜的柄,用脚踏着耜背,把锋刃插入土中,翻起土块,一块一块地挨次掘起,边挖掘边后退。后来,人们在农耕实践中发明用牛拉犁的牛耕技术,效率成倍提高。可是,牛耕技术究竟发明于何时?由于缺乏明确的文献记载,令后世学者只能各据片言只语立说,至今已出现神农时代、商代、春秋晚期、西汉等说法。

一、神农时代说。《管子·形势篇》说,神农教耕,生谷以致民利。《易经·系辞下》称,神农氏"斫木为耜,揉木为耒"。《论衡·感虚》也言,神农氏揉木为耒,教民耕耨。《说文解字》则将耕和犂两字互相训释。根据这些材料,清赵翼《陔余丛考》认为,耒是牛耕之具,因此神农氏时代已用牛耕。

二、商代说。范文澜《中国通史简编》、郭沫若《中国史稿》以及杜石然等编著的《中国科学技术史稿》都认为牛耕始于商代。主要根据是,商代始祖王亥驯服了牛,而甲骨文中已出现犁字的初形"🐂",或"🐃"。既然商代已能驯服牛,就可以用于拉车和拉犁,因此牛耕技术始于商代。

三、春秋晚期说。杨宽在《战国史》一书中指出，牛耕起源商代的说法，证据不足。他认为春秋晚期人们才开始推行牛耕技术。其主要根据是，孔子的弟子司马耕字子牛，冉耕字伯牛；又山西浑源出土的春秋晚期青铜牛尊，牛鼻已穿上"棬"（牛鼻环），牛确实已被驯服，并用来耕地。

四、西汉说。宋郑樵《通志》根据《汉书·赵过传》中赵过教人牛耕的记载，主张牛耕起源于西汉。但是，此说一出，便遭到南宋学者王应麟批评。清赵翼也在《陔余丛考》中指出，西汉赵过只是把牛耕技术传授到某些农耕技术落后的地区，而不能认为牛耕技术起源于西汉。

谁是音乐的发明者

先秦典籍《山海经》《世本》《吕氏春秋》等记载音乐发明者和乐器发明者有很多人，那么究竟谁是音乐的发明者呢？

《山海经·海内经》说，帝俊有八个儿子，他们始创音乐和舞蹈；又说晏龙创作琴瑟。而《大荒西经》则说，颛顼的曾孙、祝融之子太子长琴，在榣山上首创音乐。《西山经》提到，在天山上有个状如黄囊，色如丹火，六足四翼，面目浑沌，名叫帝江的人，创作了音乐和舞蹈。由于实在无法解开音乐发明者之谜，于是在《大荒西经》中出现了夏后启派他的三个妃嫔到天上去学习音乐的神话，她们带回《九辩》《九歌》等乐章，演出了《九招》。

《世本》似乎很客观地记载了许多音乐和乐器的发明者：伏羲造琴瑟，女娲作笙簧，随作竽、笙，神农作琴作瑟，伶伦作律吕并首创磬，垂作钟，巫咸作鼓，毋句作磬，舜作箫，夔作乐。

《吕氏春秋·仲夏纪·古乐》有详细的陈述曰："昔古朱襄氏之治天下也，多风而阳气畜积，万物散解，果实不成，故士达作为五弦瑟，以来阴气，以定群生。昔葛天氏之乐，三人操牛尾，投足以歌八阕，一曰《载民》、二曰《玄鸟》、三曰《遂草木》、四曰《奋五谷》、五曰《敬天常》、六曰《达帝功》、七曰《依地德》、八曰《总万物之极》。昔陶唐氏之始，阴多滞伏而湛积，水道壅塞，不行其原，民气郁阏而滞著，筋骨瑟缩不达，故作为舞以宣导之。昔黄帝令伶伦作为律，……听凤皇（凰）之鸣，以别十二律，其雄鸣为六，雌鸣亦六，以比黄钟之宫适合。黄钟之宫皆可以生之，故曰黄钟之宫，律吕之本。黄帝又命伶伦与荣将，铸十二钟，以和五音，以施英韶。"又说颛顼在空桑山上听到优美的风声，而命飞龙创作名为《承云》的乐歌。然而，在开列了许多音乐和乐器的发明家，列出许多乐章的名称以后，《古乐》篇终于只好作出"故乐之所由来者尚矣，非独为一世之所造也"的结论。

　　较新的研究表明，音乐是劳动人民集体智慧的结晶。宋兆麟《中国原始社会史》运用大量民族志材料，指出原始音乐由声乐和器乐组成，声乐是为协调劳动时的动作和减轻疲劳而创作的劳动号子，后来才发展成娱乐的形式；而器乐则出于狩猎需要，人们创造了诱捕飞禽走兽的拟声工具，再逐步改造、完善、发展成乐器。此说与《古乐》篇的答案倒是一致的，然其是否为最终答案，仍有待研究。

禅让制之疑

相传，尧把帝位让给舜而不传给儿子，舜把帝位让给禹，禹又准备把帝位让给伯益。所受禅让的人，需经过四岳的讨论、推举和政绩的考验后，才能践天子位。这就是古史传说时代的禅让制度。它最早见于《尚书》的记载，战国诸子百家争鸣，有肯定意见，也有否定的说法，而且往往一人兼持二说。这样，上古时代是确实存在禅让制度，还是某些学派作为托古改制而捏造的，便成了问题。

《尚书》的《尧典》《舜典》《大禹谟》等篇说，尧在位七十年，年老体衰时请四岳推举继承者。经过一番讨论，推举了鲧。尧要他治理当时危害甚大的洪水。鲧治水不成被废，四岳重新推举舜，理由是舜有盲目的父亲和不善良的母亲，弟弟又很骄傲，而舜与他们相处得很好。尧就对他进行全面的考验，结果舜比人们想象的还要有才能，于是践天子位。后来，大禹治水成功，舜把帝位传给了他。禹又准备传位于伯益，结果天下民心归向禹子启，禅让制度遂遭破坏。《论语》《墨子》《吕氏春秋》《韩非子》《史记》等，都肯定禅让制度的存在。《战国策》记载了燕王哙相信古有禅让之制，而把王位让给其相子之的故事。

《孟子·万章》一方面否定尧让舜、舜让禹，一方面又承认尧荐舜于天，舜荐禹于天。尧卒后，舜避尧之子于南河之南，天下诸侯凡有朝觐、狱讼、讴歌之事，都到舜那儿去而不到尧的儿子那里去。舜死后，天下诸侯也是这样。考孟子本意，或在强调舜、禹本身有贤德而践天子位，而不在于受禅。《荀子·正论》则坚决否定有禅让这回事，理由是天子不仅"势位至尊，无敌于天下"，而且"道德纯备，智慧甚明"，他们治理天下，所有百姓都心悦诚服，怎么会有禅让之事呢！因此，他斩钉截铁地指出，尧舜禅让是"浅者之传，陋者之说"。

有关上古是否有禅让制度的问题，或肯定，或否定，一直争论到近代。夏曾佑《中国古代史》认为禅让是一种选举制，属贵族政体，也是孔、孟、庄等托古改制之说。顾颉刚作《禅让传说起于墨家考》，明确提出墨家学派杜撰了禅让的传说，理由是《尚书》中《尧典》《舜典》等和《论语·尧曰》《荀子·成相》均为后人伪作；禅让说符合墨家"贵义""尚同""尚贤"的主张，墨家学派内部实行的正是禅让制度。郭沫若《中国史稿》则说禅让制度反映了部落联盟议事会的情况。翦伯赞《中国史纲要》和范文澜《中国通史简编》也都主张禅让传说是原始社会军事民主主义特点的反映。

由此看来，禅让制是否存在，这个争论了千年的话题，还要继续争论下去。

● 尧舜受禅（《绘图廿四史通俗演义》）

尧舜殛鲧的千古隐秘

尧舜是传说中的圣明君主，鲧就是大禹的父亲。相传在尧舜之时，洪水泛滥，浩浩滔天，百姓苦不堪言。于是，尧命鲧治水，但鲧采用了"堵"的办法，前后花费了九年，仍然制服不了洪水，尧帝震怒，殛鲧于羽山。先秦史籍都记载了这一传说，如《国语》卷四曰："鲧障洪水而殛死。"《史记·夏本纪》说："（舜）行视鲧之治水无状，乃殛鲧于羽山以死。"近现代史学界受此影响，也多以为鲧的被杀是因为他治水无方。但近年来，有不少学者认为这是一种误传，仓林忠先生提出如下新说。

其一，鲧治水是取得很大成功的。在帝尧之时，滔滔洪水使无数人民无家可归，尧为此焦虑，希望有人出来承担治水重任。当时的生产力水平极其低下，治水是一项既艰苦又充满危险的工作，鲧临危受命，忘身勤死，殚精竭虑九年，创造了许多行之有效的治水方法，并且取得了很大的成绩。屈原曾歌颂他"顺欲成功"，意思是他的治水工作开展得顺利，即将大功告成了。而大禹是"续初继业""纂就前绪遂成考功"。《国语·鲁语》也说禹能"修鲧之功"。可见，鲧的治水是获得很大成功的，他作为禹治水的先驱，为禹的成功奠定了坚实的基础。既然如此，尧舜是没有理由因治水不成而杀他的。

● 尧（《三才图会》）

● 舜（《三才图会》）

其二，所谓的"治水无状"是指鲧擅自动用了祭祀的礼器。《山海经》云："鲧窃帝之息壤以堙洪水。""息壤"并不是神话中能生长无限的神奇的土，而应是五行中的金，也就是当时已经开始出现的青铜。青铜在远古时代是极其贵重的物品，只用来铸造祭祀天地祖先神灵的礼器如鼎、尊、彝、爵之类。但鲧在治水的时候需修河堤筑坝闸，仅靠木石器工具难以奏效。于是，鲧未等尧的批准就擅自动用了神庙中的大批金属礼器，熔销后锻打成各种急需的工具。这一举措被当时的人看作是侵天蔑祖、大逆不道的行径，因而舜在视察了鲧的治水工作后，就向尧汇报说是"治水无状"。

其三，鲧与尧舜四岳之间的矛盾是他被杀的根本原因。鲧的才能是显而易见的，他在巨大的洪灾面前敢于承担重任，显示了他非凡的胆识和超群的气魄。治水九年，抗洪救灾，表现了杰出的组织才能和创造才能。他还有开疆拓土、扩展势力的雄心并发奋进取。因此，他的存在对尧舜的权位和四岳等其他部族构成了强有力的威胁。鲧不仅努力治水获得成效,还因筑城安民、播粮赈民等措施赢得民心,人民纷纷汇聚于他的麾下。鲧势力的发展给他自己带来了辉煌,却也遭到尧舜和四岳的嫉恨,成为招致杀身之祸的潜在原因。

其四,鲧反对尧舜禅让是他被害的最直接原因。尧的儿子丹朱,缺乏才能又没有社会基础,尧只得将帝位传给女婿舜。而鲧是黄帝的嫡系后裔,与尧同宗,自然不能容忍帝位落入宗族以外的人手中。他当初"观祀典与舜勤事并举",说明他与舜在尧举行祭祀天地典礼上的职事地位相埒,他也不能容忍出身微贱的舜突然跻身凌驾于他之上。因此,他向尧犯颜极谏:"不祥哉!孰以天下而传之于匹夫乎?"此举不仅是对舜的抵制,也是对尧的权威的挑战,这是尧舜绝对不能容忍的事。但是,鲧是以维护黄帝族的名义反对禅让,名正言顺,在政治上无懈可击,也能获得黄帝族中一部分人的支持,尧舜不能就此降罪于他,于是,就在鲧自行作主熔铸神庙礼器一事上大做文章,以亵渎天地祖灵的罪名,对他进行惩处。

何凡先生也就此提出了见解:鲧的被杀是由于他用洪水作武器与舜争天下。他指出,填土堙塞是远古原始的治水方法,"水来土掩"是再自然不过的事,鲧和禹其实采用的都是同一方法,过去所说禹施行的疏川导滞是到了战国时期水利大兴后才普遍采用的办法。那么,为什么同样是以土堙水,禹为治水英雄,而鲧却成为罪人?《吕氏春秋·君守》曰:"夏鲧作城。"所谓作城,无非是筑堤雍防而已。但是,筑堤挡水,可以卫君守民,也可以嫁祸于人,造成"以邻为壑"的恶

●［宋］马麟《尧》

果，战国时期就有不少诸侯国曾"雍防百川，各以自利"。《淮南子·原道训》记载："昔者夏鲧作三仞之城，诸侯背之。"作城为什么会遭到诸侯的背弃？《国语·周语》曰："昔共工……欲壅防百川，堕高堙庳，以害天下。"《淮南子·本经训》也说："舜之时，共工振滔洪水，以薄空桑。"此中共工，据史家考证，即鲧无疑，也就是说，鲧确曾筑堤挡水，以害天下，难怪会引起诸侯的愤怒了。鲧以洪水为武器与舜争天下，使万民都遭受其害，于是，"皇天弗佑，庶民弗助"，得到"殛死"的下场。

鲧死于治水说流传甚广，各种史料及其对它们的解释都有臆测的成分。鲧究竟因何而死？上述新说能否形成全新的定论？这些问题恐怕仍需要深入讨论。

尧子丹朱结局如何

相传,丹朱是古帝尧的儿子,因其不肖,尧把帝位禅让给舜。司马迁《史记·五帝本纪》说:"尧辟位凡二十八年而崩。百姓悲哀,如丧父母。三年,四方莫举乐,以思尧。尧知子丹朱之不肖,不足授天下,于是乃权授舜。授舜,则天下得其利而丹朱病;授丹朱,则天下病而丹朱得其利。尧曰:'终不以天下之病而利一人。'而卒授舜以天下。"那么,丹朱的结局究竟如何?历来说法不同,由此成了无法解开的谜。

《竹书纪年》说舜囚尧,并把丹朱禁闭在别处,使父子不得相见,又说后稷放逐尧子丹朱于丹水。《太平御览》卷六十三引《尚书》逸文说尧子不肖,舜使他居于丹渊,并保持诸侯王的地位,因此称为丹朱。依照此说,丹朱被放逐,得以善终。

另一说,丹朱是投海自杀的。《山海经·海外南经》在三苗国前列有讙头国,亦作讙朱国。据近现代学者考证,讙头、讙朱即丹朱之国。尧子丹朱不肖,尧将天下让给舜,三苗的国君同情丹朱,认为尧的做法不对。丹朱联合苗人攻打尧,尧与他们在丹水之浦打了一仗,丹朱失败,自感惭悔,投南海而死。尧复怜之,于是使丹朱的子孙居南海,遂为讙头国、讙朱国,实即是丹朱国。

第三说认为，丹朱是为尧所杀。据《庄子·盗跖》记载："尧杀长子。"《吕氏春秋·当务》说"尧有不慈之名"。《韩非子·说疑》也有尧诛丹朱之说。这些记载，都是尧杀丹朱说的史料依据。

丹朱的结局，还有待进一步考证研究。

尧为何称陶唐

我国上古夏、商、周三代更替,相传在夏之前有唐(或称陶唐)、虞二代。《左传》记载,晋国世卿范氏的祖先在虞以上为陶唐氏,在夏为御龙氏,在商为豕韦氏,在周为唐杜氏。既然夏禹受禅于舜,虞代的首领自然为舜;既然舜受禅于尧,虞以前之陶唐氏自然为尧。于是,古文献中就往往称唐尧、虞舜、夏禹。那么,尧为什么又称唐或陶唐呢?

有人以为,陶、唐为地名,尧以地名号陶唐。《汉书·律历志》说,帝喾四妃陈丰生帝尧,因封于唐,而唐尧连称。《论衡·正说》也主张,唐为地名。有人以为,陶、唐皆国名,此说以唐代孔颖达《尚书正义》为代表。也有人以为,唐为功德之名,隆盛之意。还有人以为,尧本无其人,因禅让学说的需要,硬把尧与陶唐国扯在一起。这种说法以近代疑古派为代表,他们认为,尧称陶唐本无其事。童书业《"帝尧陶唐氏"名号溯源》说,尧称陶唐出于禅让说的需要。墨家创立禅让说,渐渐地流入儒家学说,尧、舜、禹成了禅让故事中的三尊偶像。既然有夏禹、虞舜之称,就找当时的陶唐国配到尧的头上。杨宽《中国上古史导论》主张,尧音近唐,唐音近陶,陶音近高,唐音近阳,因此尧即陶唐,亦即高阳,甚至认为高阳即高辛,尧亦即高辛。

综观上述,尽管说法颇多,但究竟尧因何称陶唐,终莫能解。

湘君和湘夫人是谁

《楚辞·九歌》有《湘君》《湘夫人》两篇。由于作者未明言湘君、湘夫人是谁，又由于《山海经》中有帝尧之二女居于江渊、潇湘之渊的记载，后人便以为湘君、湘夫人即尧之二女，并且构想出二女与舜的爱情故事。

《史记·秦始皇本纪》记载，秦始皇南巡至湘山祠，遇大风，于是问博士："湘君何神？"博士回答：听说是尧女、舜的妻子，死而葬湘山。《列女传》也说，舜的两个妻子就是尧的女儿，长女曰娥皇，次女曰女英，娥皇为后，女英为妃。两人死于江、湘之间，楚人习惯上称之为湘君。《博物志》和《述异记》则进一步勾勒了湘君、湘夫人与舜的爱情故事，说舜南巡，尧的两个女儿娥皇、女英追寻到湘江，听说舜已死而葬苍梧山，于是恸哭不已，泪洒青竹，竹皮上泪痕斑斓，成了"湘妃竹"。此后，娥皇和女英涉湘江时，溺死在江中。

《陔余丛考》则明确指出，湘君、湘夫人不是帝尧的二女，而是湘山之神，并根据《九歌·湘君》"望夫君兮未来"之句，认为夫君即湘君，不应该是女子的称谓，而湘夫人确为女子之称号。湘君、湘夫人实际上就是楚人习惯上祭祀的湘山山神夫妻二人，犹如祭祀泰山府君、城隍神之类一样。《陔余丛考》是清代乾嘉史学家赵翼的考史名著,他的说法自有其据,然而世上流行的仍是"尧之二女"的说法。

● [明末清初]萧云从《离骚图·湘君湘夫人》

● [清]吴友如《娥皇女英》

● [清]陈洪绶《九歌图·湘君》

● [清]吴友如《娥皇女英》(木刻)

● [清]陈洪绶《九歌图·湘夫人》

大禹其人存在吗

大禹是我国传说时代与尧、舜齐名的贤圣帝王,他最卓著的功绩,就是历来被传颂的治理滔天洪水,又划定中国国土为九州。记载大禹治水事迹的古籍很多,最早可推见《尚书》《诗经》。在青铜器《齐侯钟》铭文中,则有"咸有九州,处堣之堵";在《秦公簋》和《秦公钟》铭文中,也都出现过禹的名字。所以,千百年来大禹治水一直被传为美谈。

然而,近世以顾颉刚为代表的疑古派学者,提出令人吃惊的看法,推倒了人们心目中的偶像。他们认为,大禹并无其人,是由神人格化为人,其本源实为一条虫。这样,治水英雄的形象,也就变得黯淡了,说大禹是条虫的主要根据是《说文解字》解禹为虫,又释禸为"兽足蹂地",合此二字的含义,很像蜥蜴,而传世青铜器上"螭"的纹饰,正作蜥蜴形状,因此禹有出于九鼎纹饰的可能。禹的父亲是鲧,《说文解字》释鲧为鱼,《国语》说鲧化为黄熊入于水,是一种水物。《淮南子》说禹化为黄熊,因此禹与鲧相类,也是一种水物。《天问》《山海

● [宋]马麟《夏禹》

经》等书说有鸱、龟、应龙等水族动物帮助禹治水，既然治水神话中水族动物极多，说禹与它们同类，也就不足为怪。

　　禹或为虫类，或为水族，考之于古物及传说，不为无据。然而根据神话学的道理来看，可以认为大禹既非神，又不是一个"个人"，而是代表着一个"虫"图腾的部落，这或许是对上古神话的一种合理解释吧。

大禹治水之疑

传说时期的尧、舜、禹时代，荡荡洪水，危害中国，先后有共工氏、鲧等人治水均未果，禹吸取前人的经验教训，治水获得成功。大禹治水的传说，犹如神话一般，后世人们尽管称颂他的丰功伟绩，却也不乏疑问，由此形成了诸种不同的观点。

《尚书》的《益稷》《禹贡》篇和《史记·夏本纪》认为，大禹采用疏导的方法，使滔天洪水，"决九川，距四海"。这里的"九川"，应理解为很多河流，基本上肯定中国陆地上的河流是由大禹疏导而成的。《史记·河渠书》也说，大禹开凿龙门，使黄河水南到华阴，东下砥柱、孟津；黄河自高原流到平原后，又开通两道河渠，使河水东流；到下游后，又疏通多道河流，使入渤海。还说大禹为了治水，离家十三年，三过家门而不入，节衣少食，陆行乘车，水行乘船，泥行乘橇，山行乘樏。左手拿准绳，右手握规矩，一年四季不停地奔忙，可谓"劳身焦思"，终于"开九州，通九道，陂九泽，度九山"，不但治水成功，而且对整个山川、湖泊、道路、平原，都有了丰富的认识。

然而，近代西方学者夏德著《支那太古史》，否定有大禹治水的事实。他认为开挖长江、黄河和汉水的工程量，比万里长城的工程量还要大四五倍，《尚书》《史记》所载大禹治水根本不可能。中国学者丁文江《论禹治水说不可信书》和顾颉刚《论禹治水故事书》,也都持否定态度。

大禹治水的传说,确实有一些令人难以置信的夸张之辞,这一点就连孔子都注意到了,孔子在《论语》中虽然称颂大禹,但是对于大禹治理黄河、大江却未着一字,于治水方面只说他"卑宫室而尽力乎沟洫",意即自己住得很坏,却倾全力兴修农田水利。据此,周谷城《中国通史》又出一说,认为当时水患多发生在接近河流的平原地区,因这些地区土地肥沃,适宜农业生产,所以古人便逐渐向近水的平原地区发展。为了利用水利,求得生活的安全和生产的便利,与水患展开了长期的斗争。大禹治水的传说,就是在这背景下产生的,治水的目的只是谋求安全的栖息之所,并不是大规模地疏浚河道。因为在新石器时代末期,是不可能从事这种浩大工程的,但以泥土筑堤防水则有可能。所谓治水,只是如此而已。从现有考古资料来看,大规模治水的遗迹至今未有发现,便是一个明证。

● 大禹陵　摄影　江小锋

禹划定九州吗

我们的祖国地大物博,自古就有华夏、神州、赤县、九州等名称。"九州"之称来源于大禹治水的传说,是大禹把中华大地划分成冀州、青州、豫州、扬州、徐州、梁州、雍州、兖州、荆州等九州。然而,一些古文献所记九州的名称并不一致。上述九州典出《尚书·禹贡》,而《周礼·职方》所记九州,有幽州、并州,而无徐州、梁州;《尔雅·释地》有幽州、营州,而无青州、梁州;《吕氏春秋·有始览》有幽州而无梁州。古文献存在不同的记载,世间就出现"三代九州"的概念,即《尚书·禹贡》所记为夏九州,《尔雅》所记为殷九州,《周礼》所记为周九州。由于九州名称不一致,于是产生大禹究竟有没有划定九州的疑问。

肯定禹划九州的主要记载,有《尚书》《左传》《诗经》《山海经》《淮南子》《史记》及传世《齐侯钟》《秦公簋》等青铜器铭文。《禹贡》说禹"奠高山大川",并详细叙述了九州的地理位置、地形地貌、物产贡赋等。《吕刑》:"禹平水土,主名山川。"《左传·襄公四年》:"芒芒禹迹,划为九州,经启九道。"《诗·商颂·长发》:"洪水芒芒,禹敷下土方。"《山海经·海内经》:"帝乃命禹卒布土以定九州。"《齐侯钟》铭曰:成汤受天命,"咸有九州,处堣之堵"。《秦公簋》铭曰:秦祖先受天命,"霝宅禹蹟,十又二公在帝之环(坏)"。可见,禹划九州的证据凿凿。

最早对禹划九州持怀疑态度的是屈原《天问》:"九州安错?川谷何洿?"《淮南子·墬形训》似乎回答了《天问》的问题,说大禹派一个叫太章的人,测量了东西间的距离,又派竖亥测量了南北间的距离,还测量了洪水的深度,从昆仑山取来息壤,治平洪水,划定九州。《史记·夏本纪》也解答说,大禹"行山表木,定高山大川","左准绳,右规矩,载四时,以开九州,通九道,陂九泽,度九山"。屈原的怀疑,难道不成立吗?

近现代疑古派学者顾颉刚、童书业《九州之戎与戎禹》和《鲧禹的传说》,从论证大禹的天神性和神职出发,进一步肯定屈原的怀疑。他们认为大禹只是神话中的人物,是主管山川田土的神,不可能治水,更不可能划定九州,"无论如何,遍治四方名山一事,在禹的时代决计不是人力所能的"。进而考证《禹贡》中提到的地名、山川名,都是战国时代才出现的。《禹贡》作于战国时代,因此禹划九州的事,就纯属后世附会,纯属神话。这样看来,禹根本没有划定过九州。

那么,究竟应该怎样看待禹划九州的神话呢?这依旧是一个难题。

禹是否铸九鼎

后世对于传说时代禹铸九鼎的故事，有肯定和否定两种截然相反的意见。

可以称得上信史的《左传·宣公三年》《史记·楚世家》记载：楚庄王八年（前606），楚庄王讨伐陆浑之戎，一直到达洛阳。周定王派王孙满去慰劳楚庄王，楚庄王乘机问周鼎的大小轻重。王孙满没有回答楚庄王，而只是说夏代兴盛的时候，用九牧所贡之金铸成九鼎，夏亡迁于商，商灭迁于周，并说如果本质美好光明，鼎虽小而犹重，反之，虽大犹轻。"周德虽衰，天命未改，鼎之轻重，未可问也"。这就是成语"问鼎中原"和语词"鼎迁"的来历。不过《左传》说铸鼎的时间，是"夏之方有德"之时；《史记》说在"虞夏之盛"，又说禹收九牧之金，铸九鼎，象九州；《墨子·耕柱》说，夏后启时铸成九鼎。《易林·小畜之九》《拾遗记》卷二等都说禹铸九鼎。显而易见，上述诸种说法都肯定禹铸九鼎或夏初铸九鼎。

可是，秦灭东周时，似乎并未得到九鼎。《史记》的《秦本纪》和《秦始皇本纪》载有九鼎在迁往咸阳途中，有一鼎被大风刮到江苏北部泗水中之事。据说秦始皇东巡至彭城（今江苏徐州）时，曾"斋戒祷祠，欲出周鼎泗水。使千人没水求之，弗得"。而《十道记》《括地志》等则说,鼎被刮到四川的鼎鼻山。鼎鼻山下江水清澄,因能看到鼎鼻,故名此山为鼎鼻。然而,如果九鼎中仅失一鼎,那么尚有八鼎,汉取代秦,八鼎当归汉。可是秦王子婴投降刘邦时,所能交出的只有皇帝玺,而没有鼎,况且此后再未见夏鼎复出。难道鼎真的被风刮走了?《战国策》说周得九鼎时,每一鼎需要九万人来搬运,九鼎的搬运需八十一万人。究竟是什么风能卷走如此沉重的鼎?或曰《战国策》多夸大之辞,那么鼎沉泗水、禹铸九鼎就只是传说了。根据以上理由,近代古史辨派学者提出否定禹铸九鼎的说法。

随着考古科学的发展,证明夏代乃至夏代以前,确实已出现冶铜铸造业。如绝对年代早于夏代的陕西临潼(今西安市临潼区)姜寨遗址、属马家窑文化的甘肃东乡林家遗址,以及大汶口遗址一号墓等,就出土了铜器、青铜器。一般认为,属夏文化的河南偃师二里头文化遗址中,也出土了铜爵、铜锛、铜凿、铜锥、铜刀、铜镞、铜鱼钩和带有镶嵌的圆形铜器等,并发现坩埚片、铜渣和陶范。由此看来,夏铸九鼎的说法,又未可绝对否定。

● 泗水取鼎(汉代画像石)

涂山在哪里

大禹治水，在外奔忙了十多年，曾三过家门而不入。相传禹三十多岁时娶涂山氏女为妻，又曾为治水而会诸侯于涂山。后来，涂山氏女因想念丈夫大禹，在涂山之阳唱出了我国最古老的情歌《候人兮猗》。然而，涂山究竟在哪里呢？由于文献记载简略，相同地名较多，形成数种不同的意见。

有以为涂山在伊洛、陆浑一带的三涂山，即今河南嵩县。《逸周书·度邑解》记载，周武王营建洛邑时的设想："其有夏之居，我南望过于三涂，北望过于有岳鄙，顾瞻过于河，宛瞻于伊洛。"《春秋左传正义》卷四十二也记载："晋将伐陆浑，而先有事于雒与三涂。"杜预注曰："三涂在陆浑。"《水经注》《读史方舆纪要》也都说，三涂即涂山，山上有王母祠、王母涧。王母即涂山之女、大禹之妻。

有以为涂山在寿春，即今安徽寿县。《左传·哀公七年》曰："禹合诸侯于涂山。"杜预注此涂山在寿春县东北。据说，这里是大禹会诸侯的地方。

有以为涂山在今安徽当涂。《史记·夏本纪》司马贞索隐引皇甫谧的说法，指出当涂有禹庙，涂山应在当涂境内，而当涂的地理位置在安徽和县对岸、马鞍山市南。直到宋代，王楙在《野客丛书》中，也说当涂有涂山。

有以为涂山在今浙江绍兴市柯桥区西北四十五里。《越绝书》《吴越春秋》和《史记·越王勾践世家》等，都说涂山在越国故都会稽（今浙江绍兴），并指出这里是大禹娶妻之处。

有以为涂山在今重庆。《华阳国志·巴志》提出，禹娶涂山氏女之涂山，在江州涂山县。古之江州，即今之重庆，并说那里有禹王祠和涂后祠。后世文人墨客借禹娶涂山氏女的爱情故事，题咏甚多，从而使重庆说流传较广。清代陈竹坡还在涂山石壁上摩岩书刻"涂山"二字，高阔十余丈，远远望去，气势非凡。

有以为涂山在今四川北川。汉代扬雄《蜀王本纪》和唐代地理书《括地志》都说，禹生于石纽山，也即今之四川汶川县（一说为北川羌族自治县）。唐宋许多文人曾到此一游，在岩石上留下"石纽""禹穴"等珍贵笔迹。

有关涂山之地望，说法繁多，实属难解之疑案。

《禹贡》成文于何时

《禹贡》是我国流传至今最古老的地理文献，它仅用一千一百余字，就把我国主要的山川、土壤、物产、贡赋等描述得清清楚楚。历代儒者奉之为圭臬，即使以现代科学的眼光衡量，它仍不失为最古老、最有科学价值的历史地理学文献。然而说它古老，它究竟成文于什么时代呢？

传统的记载，《禹贡》是大禹治水时所积累地理知识的总结，因此它成书于夏代。《尚书·禹贡》说大禹分九州，根据山川和不同的土壤制定贡物和赋税，称之为"禹贡"。《史记·夏本纪》更详细记载了大禹治水时，"左准绳，右规矩，载四时，以开九州，通九道，陂九泽，度九山"。因当时食物短缺，禹为了"有余相给，以均诸侯"，于是施行"相地宜所有以贡"的方法，互通各地山川之便利，并说大禹治水划九州，是从冀州开始的。因此，《尚书》的编定者把《禹贡》列入夏书，认为它成文于夏代。

顾颉刚《〈禹贡〉评注》打破这种传统观念，提出《禹贡》成文于战国时代，认为《禹贡》的作者把落后制度（五服制）与先进的理想（九州的划分）一齐记下，就显出矛盾，尤其是九州的设想是战国时代才出现，这样《禹贡》的著作时代"明晃晃地显现在人们的面前"。

另外,《禹贡》中出现的"内方""外方"等,都是春秋时代才出现的地名;扬州就是越地,越国国境达到淮地,是在公元前473年越灭吴后,可是《禹贡》说"淮、海惟扬州";梁州正是蜀境,显然是秦灭蜀(前316年)后所得的地理知识。再说铁器时代始于春秋而盛于战国,《禹贡》却已记载梁州的贡物是铁和镂,镂即钢,不是虞夏时代所可能有的。鉴于上述理由,顾颉刚提出,《禹贡》成文于秦灭蜀(前316年)以后至公元前280年的时期中,或者说是公元前3世纪前期的作品。

《禹贡》是一篇言简意赅的上古地理学文献,尽管其著作时代存在疑问,但仍不失其在我国地理学中经典的地位。

越族形成之谜

越族是我国一个古老的民族,有百越、百粤之称,广泛分布于长江中下游以南的东南沿海地区。那么,越族究竟是怎么形成的呢?大约有以下几种说法。

禹后裔说。这是传统的观点,大致又可分为两种说法。一说越族起源于中原少康之世。张守节《史记正义》引贺循《会稽记》云:"少康,其少子号于越,越国之称始于此。"显见,这是有史可查的证据。一说越族是夏朝被商消灭后,夏桀和一部分遗民向南迁移的一支。按《尚书》《史记》记载,商汤和夏桀战于鸣条,桀败,成汤放桀于南巢。南巢在今安徽巢湖市西南,春秋战国时期在吴国、越国之间。此后,这些夏朝贵族及一部分夷人由安徽南迁至江南,成为越族的先民。

土著说。据考古资料显示,南方人比北方人更接近于仰韶文化人群的体质,故可推测大概在原始时期,华南、华北都住着我们的祖先。后来,居住在华北的先民不断与北方来的先民融合或同化,体质特征起了变化,南方居民仍然保留原来的体质特征,形成东南土著"岛夷""鸟夷""九夷"等部族。越族便是由这些部族融合南下的少量华夏族人,而逐步形成的。

楚越同源说。细究古代文献,有资料表明楚、越共同渊源于一个芈姓的种族，是一个氏族中血缘关系比较近的亲族。《国语·吴语》中韦昭注曰："勾践，祝融之后，允常之子，芈姓也。"战国时史官所编的《世本》，则直言："越为芈姓，与楚同祖。"可见，楚、越族的形成是同源的。

混合说。从史籍记载看，越族经常与夏人、楚人发生战争，人员对流频繁，因此越族不是纯土著民族，而是由夏人、楚人和当地的土著融合形成的。

外来说。此说又有两种意见。一是太平洋人种，持论者认为，南太平洋人种曾经分两路进入中国，其中一支就是由越南进入中国广东、广西、福建等东南沿海一带的。一是马来人种，此说认为，越族就是所谓的马来人，春秋战国以前就已住在山东半岛及江浙闽广湘赣等地。然而，近年来的考古发现，证明越族文化接近仰韶文化。这样看来，越族似乎不可能是外来的民族。

综观上言，诸种说法各有道理，孰是孰非，尚有待进一步考证、研究。

酿酒术的发明者究竟是谁

饮酒之风在我国流行了数千年。那么,酿酒术最早是谁发明的呢?

一说是仪狄发明的。《吕氏春秋》和《战国策·魏二》说,大约在夏禹的时代,有一个叫仪狄的人制成美酒,进献给大禹,禹饮后觉其味甘,感叹道:"后世必有以酒亡其国者。"于是,就疏远仪狄,从此断绝旨酒。《孟子》中也有"禹恶旨酒"的记载。可见,夏禹时代的仪狄,是酿酒术的发明者。

一说杜康或少康最早制成酒。宋代高承在《事物纪原》中,引《博物志》、魏武帝诗、《玉篇》和陶潜《述酒·题注》等,提出"不知杜康何世人,而古今多言其始造酒也。一曰少康作秫酒"。《世本》中,也说少康作秫酒。《说文解字·巾部》解释说:"古者少康初作箕帚、秫酒。少康,杜康也。"

上述两说流传甚广,但后世仍有人持怀疑态度。《黄帝内经·素问》认为,酒应当在黄帝时代就已出现。唐朝陆龟蒙在《笠泽丛书》里提到舜的盲父瞽叟,说他曾用酒去害舜。这样,我国酒的发明时间,似乎被提到更早的时代。宋代寇宗奭在《本草衍义》中,则更明确地否定了仪狄造酒说。

探究酒的发明者，无疑首先要弄清酒的起源。晋朝江统在《酒诰》里说："有饭不尽，委余空桑；郁积成味，久蓄气芳；本出于此，不由奇方。"即酒最初是通过自然发酵而成，由于人们将剩余食品无意中扔在野外树林里，"郁积成味，久蓄气芳"，从而获得制酒的知识。现世学者袁翰青经过研究进一步推测，在旧石器时代人们就有可能发现野果自行发酵，到了新石器时代，农业开始后不久，人们就可能利用谷物酿造酒了，所以我国酿酒术的发明，当早于夏朝；而酒的发明者，也应是夏朝以前的人们。

天干地支究竟是谁发明的

在中国古代的历法中,甲、乙、丙、丁、戊、己、庚、辛、壬、癸被称为"十天干",子、丑、寅、卯、辰、巳、午、未、申、酉、戌、亥叫作"十二地支"。两者按固定的顺序互相配合,组成了干支纪法。从殷墟出土的甲骨文来看,天干地支在我国古代主要用于纪日,此外还曾用来纪月、纪年、纪时等。那么,干支纪法的发明者究竟是谁呢?

大约在战国末年,依据各国史官长期积累下来的材料编成的史书《世本》说:"容成作历,大桡作甲子。"《尚书正义》解释说:"二人皆黄帝之臣,盖自黄帝以来,始用甲子纪日,每六十日而甲子一周。"

梁启超在《国文语原解》中认为,天干地支这二十二个字,颇为"奇异复杂而不可思议"。他主张干支应与罗马、腓尼西亚(腓尼基)和希腊文的字母等同起来看待,并在《饮冰室合集》中,从字形和读音上揭示彼此间的联系,以为中西自古以来的字形与读音,屡经变迁,"若从两方面尽搜罗其异形异音而校合之,安此二十二文,非即腓尼西亚之二十二母乎?"按梁氏的观点,中国古代干支纪法的发明,似乎与腓尼基的二十二字母有关联。

然而,郭沫若在《甲骨文字研究·释干支》中,提出不同的观点。

他认为，以往人们对干支的解释，都是望文生义的臆测，"十天干"纯属十进位记数法的自然发生，其中多半是殷人所创制。至于"十二地支"，起源于古巴比伦，在比较中国古代的十二辰和古巴比伦的十二宫后，指出中国古代的十二辰和十二地支，都是从古巴比伦的黄道十二宫演变而来。其传入中国的途径，可作大胆推测，也许商民族"本自西北远来，来时即挟有由巴比伦所传授之星历知识，入中土后而沿用之"，或许"商室本发源于东方，其星历知识乃由西来之商贾或牧民所输入"。

尽管郭、梁的说法影响较大，但是问题并没有解决。一些学者从我国上古的夏代帝王世系和商代汤王以下所有帝王的名字中，探究十天干中的字已被用于名号这一特有现象。为驳干支外来说，陈遵妫在《中国天文学史》中指出，"在四千多年前的夏代，可能已有干支产生了"。郑文光在所著《中国天文学源流》一书中认为，十天干起源于我国古代伏羲和"生十日"的神话传说，是十进位法概念在纪时中的反映，应当产生于渔猎时代的原始社会；"十二地支"则由常羲"生月十有二"的神话传说演变而来，产生于殷商之前，后逐渐演变为十二辰。所以，郑文光推断："十二支宜乎是夏人的创作。"杜石然等则在编著的《中国科学技术史稿》一书中，主张夏代已有十天干纪日法，商代在夏代天干纪日的基础上，进一步使用干支纪法，从而把十天干和十二地支配合在一起，形成六十日一个循环的纪日法。

天干地支的发明者究竟是谁？看来这个谜并未完全解开。

太甲放桐宫之疑

从商汤至太甲（汤嫡长孙）期间，伊尹一直是商王朝的重要辅臣，商朝的一位掌权的元老。就在太甲即位之初，发生了伊尹放逐太甲于桐宫的事件。由于文献不足，历来对此事有不同说法，各执一词。

传统说认为，伊尹放太甲的事件，是常被后世称颂之事，有史籍主证。《尚书序》记载：太甲既立不明，伊尹放诸桐，三年复归于亳……伊尹作太甲三篇。《左传·襄公二十一年》则说，伊尹放太甲而相之，卒无怨色。后世儒家据此颂扬伊尹具有"大仁""大义"之美德。

● 伊尹（《三才图会》）

怀疑说提出，早在战国时就有人仔细推敲传统说，以为不可信。《孟子·尽心上》记载，公孙丑对此事提出了疑问。他说："贤者之为人臣也，其君不贤，则固可放与？"在古代社会，君臣关系是不可改变的。伊尹身为人臣而放其君，这种颠倒君臣关系的做法，除了依仗权势，有意篡夺外，在正常情况下是礼法所不允的。孙淼在《夏商史稿》一书中，也认为此事值得怀疑。伊尹是受儒家崇拜的贤人,岂能搞篡权活动?因而后世儒家竭力为之辩解,把伊尹篡夺政权说成是教训国君。公孙丑的发问,刺中问题的关键。

否定说认为,所谓伊尹放太甲于桐宫是为了教训太甲的说法,掩盖了历史真相。据《竹书纪年》记载,仲壬崩,伊尹放太甲于桐宫,乃自立也。伊尹即位,放太甲七年。太甲潜出杀伊尹,乃立其子伊陟、伊奋,命中分伊尹田宅。《太平御览》卷八三《皇王部》引《璅语》,也有类似记载,说仲壬崩,伊尹放太甲,乃自立四年。这样看来,根本不存在伊尹放太甲于桐宫又迎立太甲之事。实际情况是伊尹废太甲篡位,后太甲潜出桐宫杀伊尹,夺回了王位。

● [宋]马麟《商汤》

后母戊鼎有多重

青铜的发明是人类划时代的创造，我国古代的青铜文化艺术尤具特色。商周时期的青铜器，铸造技艺已十分精良，器物造型已多彩多姿，纹饰图案已华美富丽，不仅是中国文物宝库中的瑰宝，也是世界美术史上的灿烂明珠。

在商周青铜器中最为著名的要数商代的后母戊鼎（旧称"司母戊鼎"）。大多数鼎都是三只脚，因此才会有"三足鼎立""鼎足三分"之类的成语。而后母戊鼎却是正方形腹、立耳、四柱足，显得敦厚典雅，气势宏大。它纹饰庄重，以云雷纹为地，鼎耳的外廓有一对虎纹，虎口相向，中间有一人头，似正被虎口吞噬。鼎腹则饰以夔龙纹带、两夔相对，作饕餮形象。高度的艺术夸张使鼎上所刻的动物都显得狰狞、可怖，这或许正是统治者要营造的神秘、威严的气氛，以显示自己的权威。尤其让人瞠目的是它的通体尺寸：后母戊鼎通高133厘米，口长110厘米，宽78厘米，足高46厘米，壁厚亦有6厘米。以当时的生产力水平，要铸造这样一个大鼎，其困难可想而知。身高往往体重，后母戊鼎的重量自然也让人咋舌：875千克！这是我国迄今为止出土的青铜器中形体最大、分量最重的一件，也是世界青铜器中罕见的精品。

● 后母戊鼎

然而，875千克，这是一个不确切的数字。后母戊鼎一波三折的经历，造成了这一遗憾。后母戊鼎是1939年3月在河南安阳侯家庄武官村的农田里被发现的，当地人称之为"马槽鼎"，意思是这鼎大得可以做马槽。当时，正值抗日战争时期，日本人在中国境内大肆掠夺文物，村民们就想把大鼎藏起来。可是，大鼎实在太大太重，移动十分困难，于是人们准备将它锯成几段，然后运出。但仅锯一耳便已费尽九牛二虎之力，村民们只好将鼎就地埋藏起来。后来消息走漏，日本人闻讯赶来，四处搜索不得，就出价70万伪币来收购。当地人没有动心，用一只小鼎将日本人蒙混过去，而真正的后母戊鼎就一直沉睡在泥土中。抗战胜利后，后母戊鼎于1946年6月重新出土，可惜已经缺少一只鼎耳。人们只好按照另一只耳翻模补铸，当然这只鼎耳就不是用商代的原料所造的了。原料不一，重量自然有异，补铸之后的后母戊鼎称得875千克，显然已非其原来的重量了。

20世纪90年代初，中国计量科学院对后母戊鼎重新称量，宣布的结果却让人大吃一惊：832.84千克！后母戊鼎为什么会一下子由重变轻，而且又轻了那么多？这还要从古代的铸造工艺谈起。

在三千多年前的商代，金属制造主要使用一种叫"陶范"的泥制模具，即以黏土塑造泥模，用泥模翻制陶范。陶范分外范和内范，制造容器类器物时,把内外范对应相合,将铜溶液浇灌进去。待其冷却后,敲碎内外泥范,一件青铜器就诞生了。从铸造痕迹来看,后母戊鼎共用了二十块陶范,除了鼎耳是先铸成再嵌入陶范的以外,鼎身的其余部分是一次浑铸而成的。一次铸造成如此大的器物,这本身已是奇迹,标志着商代的青铜器铸造技术已达到相当高的水平。

  过去,人们一直以为后母戊鼎的四个柱状足是实心的,但重新检测时却发现,足的下部竟是空的,而且每个足的空腔内都填满了用作内范的泥土。人们从一个空足内就取出了 766 克泥土,而每一个足的空腔内径和高度又不一样,容积不同,所藏泥心的重量也就不能简单的以 766×4(克)来计算。剔尽泥土再来称量,鼎的重量自然要比原来轻了好多。另外,几千年的磨损、锈蚀、氧化等因素也造成了鼎的重量变异,这自然就更无法准确估算了。

  后母戊鼎一直是以其通体之大、分量之重而著称,它的"中华第一鼎"的美名也就来自于此。可惜,它本来的重量却无从得晓,这不能不说是古代文化史的一个遗憾。

先秦卷

商纣王是暴君吗

商纣王是中国古代暴君的典型,似乎已成定案。近年来,以暴君纣王为题材的文学作品和电视剧纷出,影响更广。史实果真如此吗?尚难下定论。历来评价纣王,存在两种截然相反的观点。

一、暴君说。此说始于战国,流传至今。《史记·殷本纪》谓纣

● 商纣王和妲己

王"重刑辟，有炮格（烙）之法"；"九侯女不憙淫，纣怒，杀之"；"脯鄂侯"；"剖比干，观其心"。自是之后，历代史家言暴君必数夏桀、商纣。魏晋时代，纣为暴君说仍流传，并出现许多离奇的情节。当时出笼而伪托西周太公望所作的兵书《六韬》和皇甫谧撰的《帝王世纪》，将暴君商纣王化为杀人成癖、嗜血成性、以炮烙之刑为乐的恶魔。至北魏郦道元为《水经》作注，又增益新的说法。西晋永嘉之乱，《今文尚书》荡然无存，至南朝梁武帝时，出现汉代孔安国所注《孔传古文尚书》，又为暴君说增添所谓商周时代的文献依据。然而，真正商周史料《今文尚书》之《商书》《周书》诸篇中，均未见商纣王失道失国的罪状，也无焚炙忠良、滥杀无辜、嗜血成性之类记载。

二、非暴君说。早在二千余年前，孔门弟子子贡就曾指出，纣的罪行并不像史书所言那样厉害，只是后人把罪行都推在纣的身上而致。清朝李慈铭也言，纣王的显著罪行，如杀比干、囚箕子、宠妲己、偏信崇优、拘押文王等，比起后世的暴君来，还算不得罪恶深重。近人顾颉刚更撰《纣恶七十事发生的次第》，指出现在传说的纣恶，是层累积叠地发展的，时代愈后，纣罪愈多，也愈不可信。到1960年，郭沫若在《新建设》撰文《替殷纣王翻案》，以为纣王其实是一个很有才能的人，他对古代中国的领土开拓有其贡献，所谓"纣克东夷"，就是开拓淮河流域和长江流域。西周正是乘"纣克东夷"的机会东进灭商的。最近王慎行在《纣为暴君说献疑》一文中，对暴君说再次提出质疑，指出战国秦汉时人，因纣之世近，且纣恶之事传之较详，故以纣之恶比附桀者必多，以桀之恶比附纣者必少，此乃附会之由也。

武王克商在何年

夏商周三代,是中国历史上极其重要的时代。人们以其为基点,可以追溯中国文明的起源,又可以明确中国文明的基本格局和走向。但是,由于中国历史的纪年有可靠文献记载的是西周晚年的共和元年(前841),再往前就是所谓的"有世无年"了,这使得夏商周三代的建立与分界始终是一个模糊的概念,使得号称有五千年文明史的中国只有不足三千年的确切记载。这不仅是中国历史研究的重大缺憾,也是世界古代文明研究中的重大缺憾。两千年来,中外学者一心想破解这一千古疑案,但是,个体作业的研究在关键点上始终难以有重大突破,于是,20世纪中国学术界的一大盛事——"夏商周断代工程"就在党和政府的关心下,作为"九五"国家重点科技攻关项目而启动了。

周武王克商年代是"夏商周断代工程中"的重中之重。它是周朝开始的年代,确定了它,就可以限定西周各王在位的总年数,从而进一步安排西周王年;它也是商朝灭亡的年代,确定了它,就可以上推商朝的年代,再由商朝的年代上推夏朝的年代。但是,这个关键年代的确定又是谈何容易?古今中外的学者先后提出的结论多达四十四种,影响较大的有西汉刘歆提出的公元前1122年说、范文澜等主张的公元前1066年说、梁启超等主张的公元前1027年说、张钰哲根据天象推

● [宋]马麟《武王》

断的公元前1057年说等。其中最早的为公元前1130年，最迟的是公元前1018年，前后相差一百十二年。

要在四十四种说法中确定武王克商之年，就不能不缩小搜索范围，考古发现为此提供了可能。据历史记载，周文王受命后第六年迁都于沣河之西，次年去世，又数年后武王伐纣，可见沣西是克商前后周人的都邑之所在。1997年，在长安县（今西安市长安区）沣西发掘到的18号灰坑是商朝后期文化典型，其上又叠压着西周初期的文化层，两者的交界，可以作为考古学上划分商、周文化的界限。考古学家对采集到的木炭、兽骨等样品进行碳十四测定，得到的武王克商年的范围在公元前1050—前1020年，这与文献研究基本趋同，与根据甲骨文月食推定的范围也基本趋同。这样，武王克商年的可能范围就从一百十二年缩小到了三十年。

天象记载，也是推定武王克商年代的重要依据，但是，文献中的天象记载也并不统一。《尸子》说武王克商时"岁在北方"；而《淮南子·兵略训》则说"东面而迎岁"。但1976年在陕西临潼（今西安市临潼区）出土的利簋有铭文曰"岁鼎克闻夙有商"，经学家解释此句为：岁（木）星正当其位，在周的星土鹑火。与文献相比较，青铜器铭文的史料价值显然更为可靠，因此，利簋铭文关于武王克商时的天象记载被大多数科学家接受。

于是，在武王克商的可能范围内，天文学家进行了回推，得出了公元前1046年、公元前1044年和公元前1027年三个方案。由于三个方案都不能满足文献所给的全部条件，所以只能根据其满足的程度、与金文历谱匹配的状况来选定最优解。

公元前1027年之说，与甲骨文月食年代的推算以及古本《竹书纪年》配合最好，但是却与金文历谱不相合，与天象也不能相合，因此首先予以排除。

公元前1044年的说法，是由上海天文台的江晓原（现为上海交通大学科学史系主任）先生推出的。他采用了全新的思路和方法，使用了国际天文学界最先进的星历表数据库和计算软件，对古籍中所有与武王克商有关的天象记载进行了甄别与考察，确定了武王克商日程表必须满足的七项条件，然后根据这七项条件进行严密的天文计算和筛选，重现了武王克商的日程表：公元前1045年12月4日，武王的军队出发；公元前1044年1月3日，武王的军队渡过孟津；公元前1044年1月9日，牧野之战，即武王军队与商朝军队决战获胜之日。这一推算，与天象和文献都非常匹配，但却与金文历谱得出的月相恰恰相反，最后也只好放弃。

公元前1046年的说法，是根据检验武王克商年的最可靠的依据《武成》《世俘》中的历日记载开始研究的。科学家们先逐一排比不同的月相与开始年的对应关系，再对《周语》伶州鸠语的每月情况进行分析和排比，最后再以"岁在鹑火"作为筛选条件，1046年说都经受住了考验。从另外一个角度看，文献记载武王的史事没有超过四年的，自东汉学者郑玄至近代的日本学者泷川资言都认为武王在位是四年。这个说法与武王克商于1046年、与金文历谱推算的周成王元年都正好吻合，这也加重了公元前1046年说的砝码。

  目前，尚未发现年代、月份、月相和干支俱全的武王时期的青铜器，因此还不能直接推断武王克商的年代，公元前1046年也只是由于其与文献、金文历谱、出土材料等符合最多而成为首选之年。这是综合了多学科研究成果而得出的一个综合数据，是一个系统的多方向的推导。"夏商周断代工程"明确了这一年代学标尺，从而使西周共和元年以前各王的在位年代得以确定，使商朝的年代有了一个较详细的框架，这无疑是一个重大的突破和成就。人们期待不久的将来会有新的权威性的考古材料被发现，这样，"武王克商于公元前1046年"就不仅是一个首选的结论，而且极可能会是一个确定无疑的结论了。

商纣王死于自焚吗

殷纣王（辛）是商代最后一王、古代著名的暴君，他专横独断，奢侈淫逸，宠妲己，筑鹿台，整天"以酒为池，以肉为林"寻欢作乐，又创制酷刑，残害忠良，最终众叛亲离，为周的崛起创造了条件。当时机成熟，周武王会集了各诸侯国和少数族部落，向商王朝发起了全面的进攻。商军尽管人数不少，但前锋部队大多是被拉来的奴隶，不愿为纣王卖命，因此纷纷掉转武器，临阵倒戈。殷纣王见大势已去，逃回朝歌，自焚于鹿台之上。

殷纣王自焚而死，是有史料记载的。《逸周书·克殷》曰："商师大崩，商辛奔内，登于鹿台之上，屏遮而自燔于火。"又据上书《世俘》篇记："甲子夕，商王纣取天智玉琰五环身，厚以自焚。"

然而，《克殷》篇又有如下记载："（武王）先入适王所，乃克射之，三发而后下车，而击之以轻吕，斩之以黄钺，折县（悬）诸太白。"《史记·周本纪》也有相似记载。

● 殷纣王（《姜太公》（图画故事丛书））

上述记载显然有矛盾之处，既然已自焚于火，又怎能斩首悬旗？有人以为，殷纣王自焚前，不仅用"天智玉琰五环身"，还加上了四千庶玉，"厚"以自焚，所以，尸身能够不坏，才使得武王可以又斩又射。然而，此说也有可商榷之处，因为《世俘》篇记："凡厥有庶告焚玉四千，五日，武王乃俾于千人求之，四千庶玉则销，天智玉五在火中不销。"这就是说，即使殷纣王"环玉自焚"，但四千庶玉全被大火烧尽，乘下的天智玉琰五是不可能屏遮全身的，因此，殷纣王的尸身必然化为灰烬，周武王对他应是要斩不能的。

　　或许，殷纣王的尸身未及全部烧毁，周武王的军队就已经冲进了朝歌。即便如此，也有人从另一个角度提出疑问：对一已死之人何必又斩又射又悬之太白之旗？《史记会注考证》引崔述言："圣人之伐暴，以救民也，非仇之而欲甘心焉者也。桀虽虐，汤放之而已。使纣不死，武王必不杀纣，况于已死而残其尸……武王圣人也，安有已死而残其尸者哉？"洪迈在《容斋随笔·汲冢周书》中也说："夫武王之伐纣，应天顺人，不过杀之而已。纣既死，何至枭戮俘馘，且用之以祭乎？其不然者也。"持这一观点的还不在少数，这是因为，在儒家学者心目中，周武王是圣明之君、仁义之人，据说他举兵伐纣之时做到了"兵不血刃"。因此，说他会残暴到毁人尸身的地步，这是人们万万不能接受的。

　　那么，既然大家都认为武王是仁君，为什么《逸周书》《史记》会作出"斩之以黄钺，折县（悬）诸太白"的记载呢？或者，这是一个不可回避的事实。在先秦典籍中，殷纣王被斩首悬旗的记载习见，《墨子》《荀子》《战国策》《贾谊新书》等都有类似记载。《尸子》的记载尤为明确具体："武王亲射恶来之口，亲斫殷纣之颈，手污于血，不温而食。当此之时，犹猛兽者也！"这是一个血淋淋的杀人场面，而且能够"手污于血"，说明武王斩的不是死尸，是活人！

有的典籍则记载着殷纣王被擒。如《韩非子·喻老》记："文王见詈于玉门，颜色不变，而武王擒纣于牧野。"《吕氏春秋·简选》："武王虎贲三千人，简车三百乘，以要甲子事于牧野，而纣为禽。"《竹书纪年》等也有相同记载。

殷纣王到底是自焚、被擒，还是被斩首？张玉春从牧野之战的真相着手，作了如下分析。

过去，人们多认为殷纣王战败是因为前徒倒戈，也因此引出周武王兵不血刃大获全胜的结论。经学者们的进一步研究，发现周武王伐纣并不是势如破竹的。战前，殷纣王"发兵七十万以拒武王"，《鹖子》甚至说："纣虎旅百万。"如此众多的强兵，不战自溃的可能性是极小的。所谓前徒倒戈，并不是全军投降，《史记·周本纪》说"纣师皆倒兵以战"，说明倒戈的只是殷军前锋，而后面的部队还在拼命抵抗倒戈的兵马和周师的进攻。再说，殷纣王并不是等闲之辈，他勇猛超人，且手下有费中、恶来、崇侯虎等武力高强的心腹以死相斗。因此，牧野之战是经过你死我活的拼杀，正如《周书·武成》所说的是"血流浮杵"。《逸周书·世俘》还记载战役的结果：甲子日当天，周军就献上大量的俘馘；占领殷都以后，武王又派重兵追杀党附于殷纣的各诸侯国，前后杀人"亿有十万七千七百七十有九"，俘虏"三亿万有二百三十"人。当然，这是个被夸大的数字，《逸周书》的记载是想显扬周武王的威烈，但又正好说明，武王伐纣"兵不血刃"说是不能成立的。

牧野之战既然激烈残酷，殷纣王很难独完其身，不受伤害。《逸周书·世俘》露出端倪说："甲子朝至，接于商，则咸刘商王纣，执矢恶臣百人。"咸刘，即绝杀，就是说，殷纣王在战场上就被杀死了。死于战场，必然要被斩首示众。这时候将纣王的头悬之太白之旗，既激励讨纣联军的士气，又动摇商朝将士的军心，作用巨大。若是纣王自焚于宫中，周军已大举入城，百姓已夹道欢迎的时候，再来斩尸悬头，除了炫耀，还有什么实际价值呢？

还有一个旁证，《逸周书·克殷》说："商辛奔内，登于鹿台之上，屏遮而自燔于火。武王乃手太白以麾诸侯，诸侯毕拜。"当时，武王还没有进商都，何以知道殷纣王自焚？诸侯又贺从何来？而如果是纣王在战场上被斩首悬旗，武王挥动太白指挥大军奋勇追杀，各国诸侯见纣王之头在旗上，纷纷向武王道贺，这才顺理成章。

因此，殷纣王自焚说很值得商榷，它很可能是儒家学者掩盖周武王的血腥杀戮的粉饰之词。

殷人可曾航渡美洲

早在 1846 年，英国汉学家梅德赫斯特就提出这样的猜想：武王伐纣后，有大批被周人打败的殷人渡海逃亡，漂泊到美洲西海岸，在那里，甚至在墨西哥地区建立了国家。一百多年以后，陈志良先生也论证了此说，他认为有一部分殷人在"殷之三仁"之一、被纣王囚禁过的箕子率领下，向东北迁移，最后航渡太平洋来到了美洲。

20 世纪 70 年代，在美国的加利福尼亚州近海海底两次打捞起多件石器，有的石器表面有一层 2.5—3 毫米厚的锰质层，这一考古发现引起了人们的重视。以人类学家莫里亚蒂为代表的美国学者认为，这些石器属于船锚之类的物品，沉在海底已有 2500—3000 年的时间了。这类人工石器从未见于北美太平洋海岸的考古记载，但在亚洲的考古资料中却有过详细描述，因而它们来自亚洲。而历史学家弗罗斯特却认为，古代许多民族如埃及人、以色列人、塞浦路斯人等都掌握了在石头上穿孔系绳用作船锚的技术，因此不能断定石器是来自亚洲；地质部门对石器的鉴定表明，它们并没有三千年的沉海历史；石器的岩料又是当地所常见的。因此石器很可能是 19 世纪华工渔民的遗物，用于停泊固定船只、控制渔网等。

美国的考古论争很快传至中国，房仲甫率先表明观点，认为石锚从形状到用途都与我国古代船碇一致，其岩质也与南中国海所产灰岩一致，因此，"中国同美洲的友谊很可能上溯到三千年前"。他还指出，墨西哥古代文化与中国历代文化相似和相同点共有二十多处，具有明显商代文化特征的有七处，如：面型极像中国人的古代雕塑；与安阳殷人一样供奉的且字形祖先牌位；四合院式的古墓建筑；在出土的陶器上发现的文字与甲骨文完全相同等。这说明石锚并不是孤立地出现在美洲的中国文物。他推断殷人东渡应在周朝初年周公二次东征、武庚叛乱失败之后，东渡的路线以阿留申航线的可能性最大。在相当长的一段时间里，"肯定说"占了绝对上风。

相反的意见也有，如张虎生指出，石锚岩质与中国沿海地区所产灰岩一样，但并不能证明唯有中国沿海才产这种灰岩；根据锰的积聚率来测定海底沉物年代是一种误差很大的参考方法，不能据此断定石锚沉海已有三千年；浩繁的中国古籍从没有商末"殷人东渡"的信史记载，我们不能无视古代史家的这种"疏忽"。

20世纪90年代，施存龙指出，航海能力是由航海设备和航海者技术知识组成的，殷人深居内地，没有机会直接接触海洋，不可能产生航海人才；他们拥有的至多是用于内河的木筏、木船，因此其航海能力远远达不到航美的需要。即便殷人有一定的航海能力，而今人为其假设的最理想的航线也达1.5万千米，沿途要经过日本魔鬼海、千舟群岛、阿留申群岛等海况、岛情十分复杂的地区，流冰巨浪的袭击、海陆生物和野蛮人的威胁、生活必需品的短缺和内病外伤的折磨，再加上长期航海所产生的失落、恐惧、绝望、怨愤等心理因素，很难想象三千年前的殷人能够完成这种充满艰险的航程。

龚缨晏则从体质人类学角度提出反驳，他指出，中美洲的印第安人几乎是百分之百的 O 型血，而东亚则是 B 型血出现频率居高的地区，如果古代中国居民曾大规模地到达美洲，势必造成混血，但事实上却并没有出现这种情况。

肯定派在 20 世纪 90 年代也有新说出现，如王大有等编著《中华祖先拓荒美洲》一书有《殷人东渡美洲》一章，其中提出：武王伐纣后有二十五万殷商军民在攸侯喜等人的率领下，分二十五个部族五路东渡美洲，在中美洲重建家园，定都拉·文塔。他们乘艨艟帆舰队和涕竹舟船队，食涕竹笋为药，致使原产中国的涕竹绝种而美洲有了涕竹。这些殷人的后裔在美洲墨西哥形成殷福族，即印第安 Infubu 人。他们至清末仍然有华侨意识。美洲三大文明古国之一的印加帝国即为殷人的一支后裔所建，意为"殷家"。殷的移民念念不忘殷地安阳，相约见面时互相问候"殷地安"，此即"印第安人"（Indian）一名的来源。该书论述虽有传奇般的色彩，但还是有不少学者认同此说，甚至还有人提出更为大胆的观点：越人由于生计的驱使和对太阳的崇拜，早在公元前 3000—前 2000 年间就已东渡到了美洲，这就比武王灭商后的殷人东渡更早了。

殷人究竟有没有航渡美洲？这个命题至今仍是一个很有活力的研究课题。肯定派和否定派一个又一个回合的争论，使得研究步步深入。由于新的文物、新的史料不断被发掘，人们又不断采用新的研究方法和角度对旧有的文物和史料作出新的解释，因此，问题不会在短期内解决。我们只能在不断深入的研究和讨论中期待着科学的结论。

大洋洲商代墓葬遗存之谜

1989年冬发现和发掘的江西新干大洋洲商代墓葬，出土各种随葬品近二千件套，其中青铜器四百八十四件，居南方各地出土商代青铜器之首。这些青铜器亮相于世，引起世界各国青铜器专家、商史学者的极大关注。在"中国南方青铜器暨殷商文明国际学术研讨会"上，与会专家学者对新干大洋洲商墓的青铜器进行了重点探讨，探究这批青铜器的形制、年代、性质、族属及其与中原商王朝青铜器的关系等，有些学者因此推及江南的商代文明、南方青铜文化的渊源、商代南方和中原交通的关系、商王朝的疆域、商代青铜开采与冶炼问题等，真可谓"一石激起千层浪"。

大洋洲遗存规模，相当于河南安阳殷墟商代晚期的中型墓。其墓室形状是长方形竖穴，有椁室。在椁室内发现二十四枚人牙，经鉴定，属于三个不同个体：分别为1—1.5岁幼儿、10—11岁儿童和20—30岁的成年人。

发现的文物均分布在椁室范围内，总计一千九百余件套。包括四百八十余件青铜器，一千零七十二件套玉器，三百五十六件陶器和部分骨器等。

青铜器分六类，为五十四件礼乐器（其中鼎有三十件），

● 虎耳方鼎

二百七十三件兵器,一百二十七件工具,其他为生活用具。根据器形与纹饰特点,这些青铜器又分为三种类型,即"中原型""融合型""土著型"。"中原型"器物的造型、纹饰、风格与中原地区的同类器完全一致,包括柱足圆腹鼎、扁夔足鼎、方卣、鬲、甗、觚、瓿、壶、四羊尊等礼器,带铭文的戈等兵器;"融合型"器物的基本造型、结构与"中原型"器物类似,但也有不同的地方,具有当地特征,包括大方鼎、扁足虎鼎等;"土著型"顾名思义,即完全具有地方特色的器物,包括折肩鬲、铙、镂等。三种类型的器物中,"融合型"最多,"土著型"最少,且"中原型"与"融合型"的器物有些接近于郑州商代二里岗上层期——商早期的同类器形,更多的则接近于殷墟的同类器形。

玉器有礼器三十四件,包括琮、璧、环等;仪仗器七件,包括戈、矛等;装饰品九百三十四件套,包括佩饰和镶嵌饰物。其中两组"玉组佩"分别由玉璧、神人兽面环及玉璧、玉串珠等组成。从玉质看,有新疆和田玉、陕西蓝田玉、辽宁岫玉、河南密玉和独山玉、浙江青田玉,并有产自湖北郧县竹山的绿松石。

陶器可以分为六类,包括炊器鬲、鼎、釜等,食器罐、尊、豆、盆等,以殷式鬲为大宗,计一百二十五件,生产工具有纺轮、铸范等。其中釉陶和原始瓷器约占陶器总数的20%。独具特色的器物包括小口折肩罐、筒形器等。

骨器种类比较单一，主要是镞。

那么，大洋洲遗存的属性是什么，自发现之日起就争论不休。主要有墓葬、祭祀坑、"沉埋"几种说法。

持大洋洲是墓葬的观点者较多，其中包括参加考古发掘的考古人员。他们认为大洋洲遗存的棺椁迹象表明，这是一种长方形的竖穴墓室：有椁室，东西两端有二层台，墓内有朱砂、有殉人，并随葬大批青铜器、玉器、陶器等实用品。这与中原地区殷商奴隶主贵族墓的葬制特点相近，因而应该是一处墓葬。从随葬习俗推测，这是一处晚商时期的方国诸侯墓。

持"祭祀坑说"的学者们认为，新干大洋洲遗存置身沙地，与古人"择高而葬"的习俗相悖，而且所发现的器物上至二里岗上层，下到商晚期，时间跨度如此大，不会是某一个人某一时代所能拥有的东西。发现的各种器物似乎也不在同一个平面上。参照史籍相关记载，此处不可能是墓葬，只能是商周时期的一处巫觋祭祀坑。

持"沉埋说"的学者主要从地质变迁角度阐述对该遗存的看法。他们认为，当时可能因为某种现在无法知道的特殊原因，使得成批器物沉埋在江湖中，逐渐被泥沙吞噬，而若干年后遭遇不测，再次发生沉埋，因而形成遗存现状。

遗存的属性尚未定论，墓主人的身份问题已被提了出来。对一千九百余件器物的特征进行分析后，关于墓主人的身份便有了各执一词的说法。

有人认为，大洋洲墓葬的葬制除与同时代的中原墓有相同之处外，

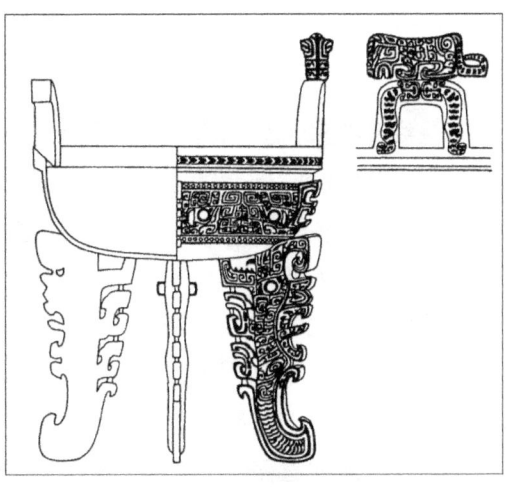

● 扁足鼎线图

更有许多不同,主要表现在:中原商墓的底部中央一般有腰坑,内埋狗或殉人,大洋洲则没有;中原地区奴隶主墓葬中普遍有相当数量的殉人,大洋洲则只发现三个人,而且两个为小孩,反差极为明显;中原地区奴隶主墓中,随葬青铜器以礼器为主,其次是兵器和工具,大洋洲墓则以工具、兵器为主,礼器少,且两者的青铜礼器组合明显不同。综上所述,大洋洲墓主应该是晚商时期的方国诸侯,而且是土著首领。

另有一些学者,如徐心希撰文《试论新干大洋洲青铜器群的族属及相关问题》认为:新干大洋洲商墓族属当为百越的一支——干越。该族属具有十分发达的青铜文化,崇尚猛虎形象,并注重铸造兵器、手工业工具。李昆撰文《试论新干商墓的几个问题》,通过对大洋洲出土青铜器的诸多虎纹装饰和文物组合特征,论证了"大洋洲墓主可能是'虎方'或商王朝异姓分封的'侯虎'方国"。"这个方国的统治者或许就是'亚雀'或其一支"。还有人认为大洋洲墓主是中原南来的侯伯一类人物。

由于大洋洲遗存没有地层关系,其年代是依据文化内涵、青铜器和陶器的特征等推断出来的,因而同样形成了如下几种意见:

"二里岗上层"说。依据青铜器中有许多器形和花纹特征与商代二里岗上层铜器相同而得出;而虎纹装饰、器物表面的饕餮纹旁多衬云雷纹等特殊现象，都是该地区青铜器具有代表性的重要标志之一。

"商晚期"说。根据青铜器虽可划分为等同商代的早、中、晚时期，但最多的属于商晚期时器而认定的。

还有人通过把大洋洲出土的所有铜器分为早、中、晚三期，再将不同时期铜器与中原商代墓出土铜器相对比，得出更具体的时代，即"商代后期早段的吴城二期"。

此外，还有人认为"它是殷墟一期偏晚阶段的一座大墓"等。

大洋洲遗存出土的铜、玉、陶器的共性是：既有与中原商文化所属物相同的特征，又有将中原文化融合于自身创作中的因素。但二者是如何交流沟通的呢？是夏商之际南迁的夏遗民流入江西土著人中，将中原地区发达的青铜文化技术传播给他们，还是中原商代青铜文化自北而南，一步步渗透、推进到那里的？对于后者，不少人持赞同态度，并就此找出相应论据，如新干铜鬲与在湖南征集到的一件铜鬲非常接近；大洋洲遗存有很多以虎为装饰的器物，尤其是伏鸟虎形器，而湖南也曾发现过虎食人铜卣等。这似可说明，江西、湖南的商代文化有某种联系。然而，这并不足以说明江西的商代文化就是通过湖南而间接吸收中原文化的。二者也可能通过战争为媒介达到沟通与交流，这从带铭文的铜戈中可以寻得蛛丝马迹。这种铭文的铜戈在殷墟也曾发现过，而且殷墟发现的其他青铜器上也有此铭文，经考证，这是一个徽族的标记。由此说明，大洋洲出土的铭文青铜戈肯定是从中原传过去的。

没有更多的考古发现、古文献记载可以说明在新干大洋洲的考古发现引发的一系列问题，可谓谜团重重。

姜太公年寿之疑

姜太公名吕尚、吕望、师尚父，因姜姓，故又称姜尚，又因其年寿高，称太公，俗称姜太公。相传姜太公遇见周文王而得到重用时，已经年迈，后来帮助周武王伐纣，消灭商朝，建立奇功，被封在齐地，为齐国的开国之君。由于他建立了奇功异勋，又是长寿者，渐渐地被尊奉为能祛除百病百灾、福佑民众的神，所谓"姜太公在此，百无禁忌"。姜太公率师伐纣的故事，在《尚书》《诗经》《逸周书》《史记》等典籍中，都有明确记载，然而对他的年寿，却有种种传说。

《荀子·君道》说周文王举用姜太公时，"夫人行年七十有二，齲然而齿堕矣"。周文王在位五十年，算他在位四十年时举用太公，到周武王十三年（一说十一年）伐纣的牧野之战时，太公已经是九十多岁的老人了。《竹书纪年》说，太公望卒于康王六年，加上武王和康王之间的周成王在位三十七年，武王卒于牧野之战后二年，这样算来，姜太公活了一百四十岁左右。《楚辞·九辩》说，"太公九十乃显荣兮"，意即太公遇文王时已九十岁了，如此推算，姜太公年寿有一百六十岁左右。

顾颉刚《太公望年寿》一文认为，古文献中记载的姜太公年寿数，都是战国时代齐国游士的妄谈。"太公"原意为"老太爷"，但后人误以为太公是长寿之意,正好像彭祖名字中有"祖",老子姓名中有"老",就误以为彭祖、老子是年逾八百岁的老人。而且从《诗·大明》"牧野洋洋,檀车煌煌,驷騵彭彭,维师尚父,时维鹰扬"中所描写的战争场面和搏击的迅勇情况看,九十岁的老人是做不到的。所以,顾颉刚推测,姜太公在牧野之战时,年约三十,终于八十岁左右。

楚国族源之谜

楚国的族源问题，是近年来令人感兴趣的研究课题，然而看法存在很大分歧，归纳起来，大致可分为五说。

一、华夏说。楚王同宗贵族屈原在《离骚》中明白地说，自己是"帝高阳之苗裔"。《史记·楚世家》中楚灵王也说过："昔我皇祖伯父昆吾。"高阳是黄帝孙，昆吾为夏伯，楚王室的族源为华夏族，当是有史籍为证的。

二、苗蛮即土著说。从整个楚国历史看，中原华夏诸国从来就把荆楚视为蛮夷。《史记·楚世家》中，楚王也一再声称自己就是蛮夷。楚国的土著人民在长江中游一带土生土长，自有其独立发展的文化序列，其文化可以上溯到新石器时代，已为考古学者所证实。说楚族源为苗蛮系统，当为有据。

三、东夷说。郭沫若《中国古代社会研究》和胡厚宣《楚民族源于东方考》对高阳氏的出生地空桑山和墓葬地帝丘，作了详细考证，认为空桑山在山东曲阜附近，帝丘在河南濮阳，因出生地、葬地均在东方，故为东夷族。

四、西方民族说。此说又有两种意见。姜亮夫《楚辞今绎讲录》提出，高阳氏来自西方的新疆、青海、甘肃一带，即是来自昆仑山的民族。岑仲勉《楚为东方民族辨》在批评楚民族东夷说的基础上，提出楚先民是来自西亚拜火教的米地亚人的观点。

五、民族融合说。张正明《楚文化史》和王廷洽《楚民族层次分析》同时提出，楚先民是由华夏高阳氏的一支南下与当地土著融合的结果。王氏则更进一步用民族学、人类学的理论分析陆终氏与鬼方妹女隤的结合，即民族融合的历史遗迹。王氏另文《神不歆非类，民不祀非族》从确定高阳氏族属的原则出发，力证高阳氏确系华夏人祖先，并指出东、西两说的方法错误和逻辑错误。

就楚国族源问题展开的争辩，推动了这一课题的深入研究，相信随着考古资料的不断发现，将会有新的发展。

楚国都郢之谜

楚国最早的国都在丹阳（今湖北秭归东南），后因与其他小国争夺汉中之地，从丹阳迁到郢。楚何时迁都至郢，后世人们争执不休，大概有如下四种说法。

其一，楚武王三十五年（前706）说。清人宋翔凤《过庭录·楚鬻熊居丹阳武王徙郢考》根据楚武王伐随、伐郧的时间，断定迁都时间应在武王三十五年，也就是楚武王熊通大力向外开疆拓土，侵随并开始经营汉东之地时。此说显然在观念上过于陈旧，没有分辨"居丹阳"与"始都郢"的区别，实难信从。

其二，楚武王三十八年至四十二年初（前703—前699）之间说。石泉《楚都何时迁郢》一文，根据《左传·桓公十三年》"莫敖缢于荒谷，群帅囚于冶父，以听刑"、刘昭《读汉书补注》引《荆州记》"（江陵）县东三里余，有三湖，湖东有水名芘谷，又西北，有小城，名曰冶父"以及《水经注·沔水篇》"江陵西北有纪南城……三湖合为一水，东通荒谷。荒谷东岸有冶父城"的记载，推断出上述结论。可是此三条材料，均未直接提到郢都，很难推断出此时楚国已确立国都的结论。

其三，楚文王元年（前689）说。《史记·楚世家》载："文王熊赀立，始都郢。"范文澜在《中国通史》第一册中亦言："东周初期，楚愈益强大。前704年，楚君熊通自号武王。熊通子文王熊赀迁都郢，有地千里。"此说只是没有具体说明都郢于文王元年罢了。

其四，楚武王五十一年（前690）武王崩、文王即位之时说。虽然《左传·桓公十一年》（楚武王四十年）中，有"郧人军于蒲骚，将与随、绞、州、蓼伐楚师"，楚莫敖屈瑕"次于郊郢"的记载。但这时的郢，还只是楚人在几次伐随战役中开辟的根据地，尚非楚之国都。《左传·庄公四年》载，楚武王五十一年，武王死于伐随军中，楚人与随人"为会于江汭而还，济汉而后发丧"。发丧的地点当在郢或郊郢一带。文王此时继武王立，以后就可能一直住在郢，并未回丹阳，郢这才正式成为楚之国都。

由上观之，武王徙郢说和文王都郢说，似异而实同。诸说中唯《史记·楚世家》的记载比较明确，但司马迁的记载是否符合史实，尚待考古材料的证实。楚国何时都郢一时难以解答，而郢都在何处同样也让人莫衷一是。

《汉书·地理志》说江陵（今湖北荆州）是"故楚郢都，楚文王自丹阳徙此"，这就是江陵说的主要依据。后来杜预注《左传》说郢都故城在江陵北之纪南城。20世纪70年代考古工作者对江陵城北的古城遗址进行了考古挖掘，发表了《楚都纪南城的勘查与发掘》，用十分肯定的语气说纪南城就是楚国从文王开始，一直到楚顷襄王时的国都。可是随着考古发掘的全面展开，证明纪南城建城的最早年代在春秋战国之际，从出土文物看，其地点也不可能是春秋时代的楚国都城。

石泉在《湖北宜城楚皇城遗址初考》一文中最早提出湖北宜城说。其主要根据是《汉书·地理志》中提到宜城是"故鄢"，鄢也曾经是楚国国都，且20世纪60年代在宜城确实发现了楚皇城遗址。随着传统的江陵纪南城说的动摇，宜城楚皇城说正受到学术界的重视。

又有王廷洽撰《楚国郢都究竟在哪里》和《探寻屈原故乡的新线索》两文，提出楚文王之郢都应在湖北钟祥的见解。其主要理由是：根据宋代王象之《舆地纪胜》、周密《齐东野语》和《癸辛杂识》《明一统志》等书记载，钟祥在先秦时代曾经称为郊郢、郢都、郢中、旧郢等，而且三国以后设置的郢州，其治所正在钟祥；钟祥附近有樠木山，楚武王伐随，"心荡"而卒于樠木下，即在钟祥附近，樠木山上有楚武、文二王庙，明清时期还存有春秋时代的大墓数十座，这里应该曾经是楚人活动的中心，或者就是失传的楚国郢都；把钟祥作为郢都还经得起春秋时代三件大事的验证：一是《左传·庄公十九年》记载楚文王十五年（前675）"败黄师于踖陵，还，及湫，有疾"，湫就在钟祥市北。而且可以把"还师"理解为"班师回朝"，而郢都就在湫附近，以钟祥当之，则近是。二是《左传·文公十年》云："（子西）沿汉溯江，将入郢。王在渚宫，下见之。"楚大夫子西在楚成王时受封为商公。商，一说在陕西商县南之商洛镇，一说在河南淅川之商密，总之在汉水上游。"沿汉溯江"表明子西顺流而下，至钟祥附近的小洲，楚穆王正在渚宫，于是君臣相见。三是发生在楚昭王十年（前506）的吴楚柏举之战，其中涉及的一些地方对于探寻郢都具有定点作用。吴师溯淮西向，至淮汭（在今河南淮滨附近）舍舟步行，南至豫章折而西，与楚夹汉而阵。楚师三战皆败，退至柏举（今湖北麻城东）而再阵，吴师再次大败楚师于柏举，一直追至清发，又经五次交锋，吴师攻入郢都。由地理位置而论，吴师攻入郢都，以钟祥当之为近是。战争大体上在安陆、应城、云梦这一带发生，楚师溃败，吴师追击至钟祥。楚昭王从钟祥逃出，初欲匿云梦泽中，遇盗，北向随。这样，柏举之战就大体能讲通。但此说迄无考古证据，楚国郢都所在地之谜仍有待于考古发掘的进展。

楚国诸敖究竟作何解

《左传》《史记》《国语》等典籍记载了有关楚国国君或首领特有的名称：若敖、莫敖、芬敖、霄（宁）敖、堵（庄、杜）敖、郏敖、訾敖、共敖等诸敖。这些"敖"作何解释？由于杜预《左传集解》望文生义地作了多种注释，唐孔颖达《左传正义》提出疑问："郏敖与此訾敖皆不成君无号谥也。元年《传》云葬王于郏，谓之郏敖，此云葬子干于訾，实訾敖，并以地名冠敖，未知其故。又《世家》楚之先君有若敖、宵敖，皆在位多年，亦称为敖，不知敖是何义？"为此，后世学者对"敖"的意义提出了楚官名、未成君、楚先君、葬某地为某敖、酋豪等多种意见。

楚官名说首先由杜预提出。他解《左传·桓公十一年》"莫敖"为楚官名，解庄公十八年"阎敖"为楚大夫。清王绍兰《经说》也认为，莫敖是"主大众之官"。杨伯峻《春秋左传注》则进一步指出，莫敖是相当于左司马的官职。可是，莫敖有时称莫敖氏，楚国左司马官职出现后还出现莫敖，又该作何解释呢？

未成君说也由杜预提出。他解庄公十四年"堵敖"为未成君，解昭公十三年"訾敖"时也曰："不成君无号谥者，楚皆谓之敖。"此说早就遭到孔颖达的怀疑，若敖、蚡冒（即莫敖）、霄敖都是在位多年的国君，而且訾敖、堵敖也曾登上国君的宝座，"未成君说"显然难以成立。

杜预还提出了楚先君说。他解宣公十二年"若敖""蚡冒"为"皆楚先君"。可是此说还是不能解决楚国既有国君，又存在若敖、莫敖、芍敖等历史现象。

杜预更有葬某地为某敖说，此说曾得到后人的响应。杜预解僖公十二年"若敖"为"楚武王之祖父葬若敖者"。清易本烺《春秋楚地答问》也主张此说，且进一步演化成水名，或者是某陵的名称。

酋豪说最早由顾颉刚《史林杂识》提出。"楚王之无谥而称敖者，盖即酋豪之义"。可是由于他又主张敖是楚语丘陵之意，"二说孰是，当待讨论"，终于没能解决此谜。杨伯峻也曾注"若敖""郏敖"为酋长，于訾敖则注为"楚君王之无谥者，多以葬地冠敖字"，颇受杜预注的影响，又主张莫敖是相当于左司马的楚官名，终于也陷入迷宫。王廷洽《楚国诸敖考释》，也主张敖是酋豪、首领之意。王氏概括了楚国诸敖的四种情况：若敖、霄敖、莫敖为一类，楚建国前是部落联盟的首领，建国后他们的后代成为宗族，若敖、莫敖既是宗族名称，又是宗族首领，霄敖的后代变成莫敖氏；一类是阍敖、芍敖，也是楚国宗族，阍敖氏早衰，芍敖氏成为楚国的望族；一类是堵敖、郏敖、訾敖，均为楚国短命国君，无号谥，又无后代，楚人按成例称他们为一方豪首；共敖是楚国灭亡后，楚亡人共同拥戴的首领。虽然存在四种不同的情况，但作为首领、酋豪的意思是共同的。

曾墓为何在随国

1978年湖北随县（今随州）擂鼓墩一号墓出土了大批青铜器和其他文物，尤以巨大青铜编钟闻名于世。此墓系战国时代曾国国君名"乙"的墓葬。那大量珍贵随葬品的出土面世，既提高了古曾国的知名度，也带给人们一个谜：随县是春秋时代的随国，在随国的国境中怎么会出现曾国国君的墓葬？学者们纷纷探秘，主要有两种观点。

一说随国即曾国。石泉《古代曾国——随国地望初探》一文认为，随国即曾国，理由是随国和曾国都是姬姓国，系西周分封于江汉的诸姬姓国之一。而且，就两国的地望来看，也是一致的。从宋代出土的曾国青铜器，到曾侯乙墓，都分布在随枣走廊一带，而且都是从南阳盆地迁入随枣走廊的。因此，随、曾一国，就像魏又称梁、晋又称唐、韩又称郑一样，是一国两称。

一说随国被楚国灭后，曾国是由其他地方迁入随地的。杨宽等人《曾国之谜试探》、何光岳《鄫国考》等都持这一观点。他们认为，曾国在西周时已与随国同时并存，说随国即曾国缺乏依据，进而提出随国在春秋晚期或战国初期被楚国所灭，楚国把地处楚边陲的曾国，从南阳迁入随地，这样随地就有可能出现曾国国君的墓葬。

《周礼》作者之疑

《周礼》是一部记载典章制度的古代文献,分天官、地官、春官、夏官、秋官、冬官等六篇,共计四十二卷。《汉书》有《周官》经六篇、传四篇的记载。东汉马融、郑玄为其作注称《周官礼》,唐代贾公彦作疏始用《周礼》之名。《周官》《周礼》两名曾通用过一段时间,宋朝以后才基本上归一,称为《周礼》。自汉代以来,探究《周礼》作者的不乏其人,可谓歧说纷出,归纳起来,大致有四说。

一说西周周公所作。汉代刘歆极力主张此书是"周公致太平之迹"。唐代贾公彦《疏》引《礼记明堂位》云:"周公居摄六年,制礼作乐,颁度量于天下。"又引《书绪》云:"六年制礼作乐,阶制之礼,则此《周礼》也。"可是,现世学者郭沫若曾在《周官质疑》一文中否定这种观点。

一说战国时人所作。汉代何休曾指出,《周礼》是"六国所作之书"。《周礼》所述的农业生产条件与战国时代相符,其思想大都附会儒家关于古代社会的设想。《周礼》所设计的公国方案,迎合了战国时代各国称霸的需要。书中所记述的行政制度,则与齐国文献《管子》十分相似,如《周礼·地官》云:"五家为比,十家为联。"《管子·立政》也说:"十家为什,五家为伍。"

一说西汉刘歆伪造。《周礼》发现于西汉中期，公诸于世却在王莽谋篡时期，故近世学者康有为等提出，其政权机制是附会王莽的行事与要求，认为今传之《周礼》是刘歆的伪造。可是，宋代陈振孙《直斋书录解题》说："此书多古文奇字。"近人顾实《重考古今伪书考》也云："殷周甲骨文、钟鼎文与相证合。"对于陈、顾两人的考证结论，又将作何种解释呢？

一说多人成书。顾颉刚在《"周公制礼"的传说和〈周官〉一书的出现》一文中指出："《周礼》中所记的一些制度有不少矛盾之处。"此后又提出"不成于一人，也不作于一时"的观点。这样的辨证，似乎仍然留下许多疑问，《周礼》一书体系完整，其主要轮廓应成于一人之手，他人只可能作些小的增补，怎么会是非一人一时之作呢？

《周礼》的作者及成书虽存在疑问，却不影响它在中国政治思想史上的重要地位。

《穆天子传》的真伪

《穆天子传》是一部记录周穆王西巡史事的著作，书中详载周穆王在位五十五年率师南征北战的盛况，有日月可寻。名为传，实际上属于编年，其体例大致与后世的起居注同。所以，《隋书·经籍志》《新唐书·艺文志》都把它列入史部起居注门。关于《穆天子传》的真伪问题，几经争辩，仍是个不解之谜。

其实，《穆天子传》之所以能够面世，必定有学者认为其真。西晋年间，著作佐郎郭璞第一个替《穆天子传》作注，此风一开，不下十数家，大多据后世情状释三代山川部落，使读者能够更清楚地了解周穆王的戎马生涯。据《穆天子传》的记载及注本的诠释，周穆王曾经西征犬戎于陇西，入河伯之邦并礼河于兰州一带，观昆仑丘、春山于青海湖头，巡骨䬃、重黎、巨蒐等部落于武威地区，会西王母于张掖南山，休猎于疏勒河、北山地区，涉流沙于居延海、巴丹吉林大漠，涉黄渡济，浪游太行、漳水、滹沱河、雁门山，进而驱驰于阴山、蒙古高原、塔里木盆地、葱岭、中亚，共计行程十九万里（周里比今里小），其内容极为丰富。西晋初的荀勖在《穆天子传目录》中写道："古文《穆天子传》者，太康二年汲郡县民不准（人名）盗古冢所得书也，皆竹简素编。以臣勖前所考定古尺，度其简长二尺四寸，以墨书，一简四十字。"王隐修《晋书》于东晋元帝大兴初年，在《束晳传》中提到此《穆天子传》，也云："汲冢竹书大凡七十五卷。……有《周王游行》五卷，说周穆王游行天下事，今谓《穆天子传》。"由此看来，《穆天子传》原名为《周王游行》，民间有传本，似乎可避伪书之嫌了。

然而，历代许多学者对于《穆天子传》记载周穆王的远游行程抱怀疑态度，对《穆天子传》的可靠性提出质疑。清代学者姚际恒是力主《穆天子传》为伪书的代表。经过考证，他认为《穆天子传》源出《左传》《史记》，多用《山海经》语，体例则类似起居注，应当是汉朝以后好事者的伪作。一些疑古派文献学者，则进一步断定其为晋人的伪造。法国学者沙畹，甚至以为"穆天子"并非指周穆王，而是指秦穆公，故《穆天子传》与《山海经》一样，属于荒诞之书，毫无史料价值。

可是，这桩公案并没有了结。今有学者常征旧题新作，意欲推倒《穆天子传》为伪书的成说。原来，常征曾读过洪颐煊氏校注本《穆天子传》，竟发现书中所记山川村落都可一一考出。又与《水经注》对照，有郦道元据《穆天子传》注释有关山川的明显痕迹。惊讶之余，他用力研究，逐条加以排比训释，终于在1977年完成《穆天子传新注》一书，力证其书不伪，并且明确指出，"《穆天子传》者，西晋所出汲冢周书也，非晋人伪造，非汉人伪文，亦非战国时人作"，而是"身随周穆王征巡四海的周史官作的先秦古籍之一"。

关于《穆天子传》真伪问题的讨论，经历了真—伪—真的过程。然而，仍然不能认为争论已经结束了。

史籀的含义是什么

汉文字的历史源远流长，字书的出现也很早。《史籀篇》是我国古代最早的字书之一，现已亡佚，相传是周宣王时太史籀所作。秦始皇统一文字时，《史籀篇》是主要的依据。可是，近现代学者提出"史籀"不是人名，《史籀篇》成书也不在周宣王时代。

传统的观点见于《汉书·艺文志》，班固说《史籀篇》是西周时史官"教学童书也"，是太史所作，其书体为大篆。许慎《说文解字序》也说："宣王太史籀著大篆十五篇，与古文或异。"唐代张怀瓘《书断》则明确说，"周宣王太史史籀"，姓史名籀。

王国维《史籀篇疏证叙录》提出史籀是否人名的疑问，认为《说文解字》释籀为读，又释读为籀。"太史籀书"是《史籀篇》的首句，意为"太史读书"。由于人名的可疑而引出《史籀篇》成书时代的疑问。王国维根据《说文解字》所保留的一些《史籀篇》文字，推断其字体处于石鼓文与秦始皇刻石之间，是春秋战国间秦人所作。

裘锡圭《文字学概要》不赞同王国维的观点，认为："《史籀篇》应如汉人所说，是周宣王太史籀所作的一部字书，籀文就是周宣王时代的文字。"

唐兰《中国文字学》则认为，史籀就是《汉书·古今人表》中的

"史留"。史留是战国时周元王（前475—前469）时代人物，元与宣音近，《汉书·艺文志》所说周宣王恐怕是元王之误，后人因误传误，都说成是周宣王时代的史籀了。唐兰所说"史留就是史籀"，缺乏足够的证据，不过指出《史籀篇》成书于周元王时代，倒是与王国维的意见相合。

车裂究竟是不是"五马分尸"

车裂又称辕刑、辕裂,这是古代一种残酷的死刑,民间俗称"五马分尸"。人们认为,此刑的执行方法,是将受刑人的头与四肢分别系于五车之上,然后以五马驾车,同时分驰,将肢体撕裂。我们知道,古人总认为"身体发肤,受之父母",不容受到残害或割裂,许多人一旦获罪,常苦苦哀求"赏个全尸",而杀人者一个"赏他个全尸"的许诺,便是极大的恩惠。但这"五马分尸",不仅让人"身首异处",连四肢都各在一方,难怪一些罪犯想起这一刑名,都会不寒而栗,因为这酷刑不仅让死者的最后一刻肉体异常痛苦,精神也备受煎熬。一般情况下,它专用于谋反、篡逆等大逆不道的人。战国中期的政治家商鞅,曾助秦孝公两次变法,奠定秦国兵强国富的基础,却激起旧贵族势力的愤恨,孝公死后,太子秦惠王上台,曾被商鞅割去鼻子的公子虔(太子的老师)诬陷商鞅谋反,秦惠王以车裂之刑杀之。秦王嬴政时,宦者嫪毐得宠于太后,结党营私,又因酒后失言,道出他与太后的关系,事后自知罪不可赦,便起兵叛乱。秦王对其恨之入骨,逮获后也处以车裂,夷其三族。此外,东汉末年黄巾起义组织者之一马元义、隋朝礼部尚书杨玄感等,都死于此刑。

历代《刑法志》与有关史籍,都有关于车裂的记载,但未见"五马分尸"之刑,车裂究竟是不是"五马分尸",引起了史学界的注意。

一部分人肯定这一成说,认为这一酷刑在史籍中屡见不鲜,且多以车裂、辕等词语记载。如《左传·桓公十八年》:"辕高渠弥。"《左传·宣公十一年》:"杀夏征舒,辕诸栗门。"但并不是毫无例外,如《辽史·刑法志》就有"淫乱不轨者,五车辕杀之",道出了"五车"与"辕杀"之间的关系。

近年常有人断然否定两者之间的联系,认为车裂并非五马分尸。主要理由是:一、古代典籍中并未释车裂或辕刑为"五马分尸",汉朝许慎《说文解字》有"辕,车裂人也""斩法,车裂也"等说法,将车裂、斩、辕赋予相同的意义,即以锐利的兵器断人肢体。先秦时,各国对公开处死的罪犯或敌人,无论用刀戈砍杀,还是弓箭射杀,最后都肢解尸体高悬示众。可见,车裂指用刀斧肢解敌人或罪犯的尸体,并非将人活活撕裂。二、古人进行行刑到示众这一过程,其顺序是先枭首后分尸,如《史记·秦始皇本纪》中说:"尽得(嫪)毐等……二十人皆枭首,车裂以徇。"可见车裂时的尸体已是无头之尸,无法用五匹马来分解了。三、从文字发展角度看,"车裂"的"车",并不含有"车子"的意思,就如"斩"字一样,不论是用于劳动的斩具,还是用于杀敌的斩具,都不会是车,因此在文字学上"斩"字的结构是无法解释的,很可能是由于当时的字体由古、籀向小篆、隶体变化过程中一点讹误造成的。车裂的车(繁体字作"車"),本应是"專"字,有斩、截、断、割之意,这些字常可与"裂"字相配成词,如"断裂""割裂"等。"車"由于形近而讹,得"專"字之义,进而约定俗成，与"裂"组成了一个古书常用词。总之，车裂的"車"，决非马车之意，所谓车裂与"五马分尸"毫无关系。

那么，"五马分尸"之说从何而来呢？有人指出，自汉景帝改革刑法后，景帝以前一些死刑的真相慢慢使人淡忘，最终失传。一些古书几经后人妄改，如《南燕录》中有"车裂嵩于东门之外"一句，在《太平御览》中已被改为"五车裂之"，中华书局的影印本中又成了"以五车裂之"，读者以今视古，难免产生种种误解。此外，民间文学、古典小说对这一刑罚的描绘，起了直接传播作用，如《东周列国志》说商鞅被"五牛分尸"，这是"五马分尸"俗说的近源，什么时候五牛被五马取代更不可考。但至少在近代，"五马说"已广为流传，以至于洪秀全将"五马分尸"刑当作太平天国正式刑名颁于天下，这是中国法制史上独一无二之例。

总之，不可断言中国未尝有过"五马分尸"之刑，但或可相信车裂不是"五马分尸"。

王孙满究竟是什么身份

王孙满是《左传》中记载的人物。鲁僖公三十二年（前628），秦穆公见晋文公已死，争霸心切，不听贤臣蹇叔的劝谏，一意孤行，潜师偷袭郑国，最终爆发了秦晋殽之战。当秦军向东进发时，经过周北门，"左右免胄而下，超乘者三百乘"，这在当时是对周王很不恭敬的无礼行为。《左传》记载曰：王孙满尚幼，观之，言于王曰："秦师轻而无礼，必败。轻则寡谋，无礼则脱；入险而脱，又不能谋，能无败乎？"这位王孙满虽然年幼，却能对秦军的必败作了一番头头是道的分析，显示了他的远见卓识。秦晋殽之战是春秋时期著名的五大战役之一，因此，王孙满也就随着《左传》的传神之笔而为后人熟知。

王孙满究竟是什么身份？学术界向有三种看法。最为流行的是《先秦散文选》《左传选译注》《先秦文学史参考资料》等所采用的："王孙满，周大夫，周共（恭）王的第四代孙子。"（或说"周恭王的玄孙""周共王的儿子圉的曾孙"）其次是如《中国历代文学作品选》所认为的："王孙满，周襄王之孙。"第三种是由于弄不清王孙满的确切身份，就来个避而不谈，如"王孙满，周王朝的王室子弟""王孙满，周朝大夫。王孙，复姓"等。

然而，王文清在对王孙满其人作了详细考证后，认为上述三说都值得商榷。

早在清代,就有梁履绳在《左传补释》中说:"共王,穆王之子,穆王名满,其六世孙何得亦名满。"中国有着独特的避讳制度,父辈之名在必讳之列,更不用说是直系子孙与前辈同名了。故杨伯峻在《春秋左传注》中虽然采用了《通志·氏族略》引《英贤传》所谓"周共王生圉,圉曾孙满"的说法,但仍然认为:"则未必可信。"更为重要的是,如以王孙满为周共王的第四代孙,则造成世系年代的严重不合。"王孙满观师"的事情发生在周襄王二十五年(前627),即殽之战的前一年,上推至周共王的第四代孙即周宣王元年(前827),中间还有惠、釐、庄、桓、平、幽六代帝王整整二百年的光景。王孙满如是共王玄孙,则应与宣王同辈,到"观秦师"时,共历八代帝王,也该有二百多岁了。可见,上述第一说,即王孙满为周共王第四代孙之说是无法成立的。

那么,王孙满是不是周襄王的孙子呢?此说源于旧注,即前引《通志》的注文。但是,《通志》此注是放在《氏族略》的"王史氏"条下的,原文如下:"《风俗通》:'周先王太史号王史氏。'《英贤传》:'周共王生圉,圉曾孙满生简,简生业,业生宰,世传史职,因氏焉。'汉清河太守王史篆生音,新丰令。《艺文志》有王史氏,后汉侍中王史元库,晋亦有王史氏。"原来,所谓的周共王第四代孙指的是王史满而不是王孙满。《通志·氏族略》中另有王孙氏:"姬姓,周王孙满之后也。满,顷王孙也。卫有王孙贾,楚有王孙由于……"这样看来,顷王是周襄王的儿子,王孙满应该是周襄王的曾孙了。因此,传统的第二说，即王孙满乃周襄王之孙的说法也不确切。

　　王孙满是不是周顷王的孙子，还有一个佐证。周定王（顷王之子）元年（前606），楚庄王陈兵东周边境，向周王朝炫耀武力。周定王遣大夫王孙满赴楚师慰劳，楚庄王别有用心地问起象征王权的"九鼎"的轻重，公然向周王室挑战。王孙满追述了九鼎自夏经商至周的历史，严肃地说："周德虽衰，天命未改。鼎之轻重，未可问也。"从而维护了周王室的尊严。此王孙满即殽之战中的王孙满，两事相距已有二十一年了。在殽之战中，王孙满虽然年幼，但已显现出他的政治见识，经过二十一年的磨炼，到其父辈周定王时，成长为一个有胆有识的、能击破楚子问鼎中原的干练的政治家，这是合情合理的事。因此，徐俊元等所作的《尊姓何来》一书，在"王孙"姓氏中说："春秋时期，周定王有个大夫叫满，是周顷王的孙子。"这一说法，还是比较符合逻辑的。

　　王孙满，周襄王的曾孙，周顷王的孙子，周定王时为大夫。这样的释解或许更为合理。

● 王孙满

篆刻　郑英旻

《逸周书》之疑

《逸周书》原名《周书》《周志》,又名《汲冢周书》,是我国最早的历史文献之一。但是,对于《逸周书》的来历,长期以来说法分歧。

一说此书来自汲县(今河南卫辉)的魏王古墓。晋武帝咸宁五年(279)冬十月,汲郡人不准盗掘战国魏襄王墓(一说魏安釐王墓),得竹简小篆古书十余万言。官府得知后,把它送归秘府(皇家藏书室)。太康二年(281),镇南大将军杜预率军灭吴返朝,始见汲冢古书,当时负责整理此书的博士为束晳,于是杜预和束晳都记下了汲冢古书的篇目。此后,唐宋时编修的《隋书·经籍志》《新唐书·艺文志》以及《太平御览》等,在著录《逸周书》时,都认为它出自汲冢魏墓,是汲冢古书的一种,故应加上"逸"或"汲冢"字样。

一说此书古已有之,非出汲冢。《左传》以及汉代司马迁《史记》、许慎《说文解字》、马融《论语注》、郑玄《周礼注》等,均已引用《周书》的材料,可见春秋战国至汉代,该书已广为流行,并非出自汲冢。《汉书·艺文志》也明确记载:"《周书》七十一篇。"显然汉朝时该书已被官府确认。并且,杜预所录的汲冢书目中,本来就没有《周书》,所谓汲冢出土《周书》,乃为谬说。

时至今日,许多学者对于《逸周书》的来历,仍然持有"汲冢书"

和古已有之两种观点，争论激烈。张心澂、金毓黻、李宗侗、朱杰勤等学者著书立论，认为汉魏本有《周书》，并非出自汲冢。然而，朱希祖、周予同、徐北文等学者仍主张："战国时期魏安釐王墓中埋葬的竹简书，经整理传世的有三部历史古籍：《竹书纪年》《穆天子传》《周书》。"刘重来经过考证后提出，《周书》内容往往与儒家学说不合，孟子曾力斥该书，故汉代以后不受重视，散失颇多；《汲冢周书》则为盗墓者破坏，残损严重，加之西晋灭亡后的长期混战，此书一直搁在秘府，未能流传。所以，有可能今本《逸周书》是传世本和汲冢本互为补充的合本，由于两种版本都有残缺，故仍非完本。此说虽属新解，但究竟什么时代、什么人把残缺的传世本和残缺的汲冢本合编为一本的呢？仍无定论。

谥法始于何时

古时帝王贵族、高官显宦死后,朝廷按其生前事迹,加以褒贬,给予一个称号,叫做"谥法"。如《谥法解》称"慈惠爱民曰文""克定祸乱曰武""辟地有德曰襄""好内怠政曰炀""杀戮无辜曰厉""壅遏不通曰幽"等。那么,古代社会长期沿用的谥法,究竟始于何时?

一说始于西周中后期。近代学者王国维在《观堂集林》中指出,西周铜器遹敦的铭文,三次提到"穆王"都是"生称",是"穆王"在世时已有的称号,不是死后的谥。而且,王氏进一步阐述文、武、成、康、昭、穆都是古代的美名,周文王、武王、成王、康王等"皆号非谥"。于是,他断定谥法之作,应在西周"共、懿诸王以后"。现代学者唐兰依据他对西周铜器铭文的研究,进一步提出:"周王的生称,最后一个是懿王。"因而推测:"谥法兴起,可能在孝王以后。"

一说春秋中叶以后至战国时期。郭沫若在王国维研究的基础上,撰写《谥法的起源》一文,进一步列举和考释西周、春秋时的铜器铭文,由此推断:"谥法之兴,当在战国时代。"其主要理由是,那时学者"惯喜托古作伪",《逸周书》就是战国时学者"伪托之结晶",而《谥法解》乃"其结晶之一分子也"。

一说西周初期。此说认为,春秋时期有关谥法的记载相当多,不但谥法施行普遍，而且十分认真。西周时谥法的施行情况亦不乏记载，在《国语·鲁语下》《世本》等古文献中都有明载，从而把谥法之兴，推到西周初期。

一说殷商时代。持论者认为，商代一些帝王已加上文、武、成、康等美称，如武丁、康丁、武乙、文丁等，商汤也称为汤或武王，这是周代谥号的滥觞。通常看法，"周因于殷礼"，谥法也当如此。若说有所不同，那就是周代凡王皆有谥，谥号概括其一生行事善恶，前后王的谥号不能重复，而这些都是在商代谥法基础上所作的进一步完善。

谥法的起源，真是一个非常有趣而又难以解决的问题。

周代有无爵位

周武王灭商后,为了巩固政权和加强统治,实行分土列国,大封同姓、异姓及古帝王之后为周室之"藩屏"的分封诸侯制度。据史书记载,周初封国有七十一个,并有爵称等级,即《礼记·王制》所谓"王者制爵禄,公、侯、伯、子、男凡五等"。20世纪以来,随着青铜器铭文研究的深入,人们对此提出质疑,莫衷一是。

一种观点,否认周代有五等爵称制。王国维《古诸侯称王说》一文,依据金文首先指出,王并不是周天子的专称,诸侯也有称王之例,古时诸侯的等级称谓,并不十分严格。郭沫若发展王氏的观点,在《中国古代社会研究》中指出:"周初分封诸侯为五等之说,完全是东周以后的儒者所捏造。"杨树达《古爵名无定称说》进一步运用金文资料,对传统的周代五等爵称制进行批驳,认为无所谓诸侯"进爵""降爵"之说,当时的公、侯、伯、子、男并不是诸侯的固定爵称。

另一种观点,则坚持认为周代确有五等爵称制。瞿同祖在《中国封建社会》一书中,坚持周代确有五等爵称制。他把《春秋》所载的诸侯爵称,全部摘录下来进行排比,认为各国爵称除个别变动例外,都是固定不变的,如"宋永称宋公;齐、鲁、卫等永称为侯;郑、曹、秦等总是称伯;楚、吴等国总是称子;……许永称男"。近年来,周代爵位的研究，又取得新进展，其结果略有差异。赵光贤《周代社会辨析》一文认为，自西周以来就有公、侯、伯爵称，子、男则较少见，或用于外族的君主。周平王东迁之后，五等爵是客观存在的事实。而王世民《西周春秋金文中的诸侯爵称》一文认为，探讨周代爵制，应主要依据金文材料，并且要注意各器物的年代和国别，要把当时诸侯生前称号与死后追称区别开来。所以，他把金文材料单独同《春秋》中的有关记载比照，结果发现两者的记述大体相符，除吴、楚、秦等国存在差异外，多数国家的爵称是两相一致的。盛冬铃《西周铜器铭文中的人名及其对断代的意义》一文称，金文中的"公"是古代的尊称，"某公"之例可以是国名、氏名、私名和谥号等，当时被称为"某公"者，往往是地位显赫的人物，并非爵称。金文中真正用作爵称的只是"侯"和一部分"某伯""某子"中的"伯"和"子"。

周代是否有五等爵称制的分封，是一个未解的史案，虽然不同的观点各有依据，但由于对史籍和金文材料的考辨和认识难以取得一致，要想取得一致结论，仍非易事。

西周甲骨微雕之谜

新中国成立以后，考古工作者在陕西岐山县、扶风县，北京市昌平区等地先后发掘出一批西周甲骨，共有一万多片，但公布的有字甲骨只有三百多片。与殷墟甲骨相比，西周甲骨在甲骨整治、钻凿形态、刻辞方位等方面都有自己的特点。从文字特征上看，西周甲骨文字较少，且字形特别细小，最大的字长8毫米、宽5毫米，最小的字长、宽不足1毫米。有一块卜甲只有小纽扣那么大，总面积2.7平方厘米，刻字面积仅占1.17平方厘米，上面却刻有三十个甲骨文字，字体小如针孔，笔道细如毫毛，用肉眼根本无法辨认，必须借助五倍以上的放大镜才能看清楚。这些"微雕"甲骨文结构严谨，镂刻刀法刚劲有力，有些象形文字仅寥寥数笔，但如字如画，意趣盎然，书法技巧和雕刻技巧都令人叹为观止，可以说是我国迄今所知最早的微雕艺术品。它们的出现，使人产生一系列疑问，譬如：西周人用什么工具在坚硬的甲骨上雕刻？西周没有放大镜，怎么进行微雕？甲骨微雕的实用价值何在？等等。仅仅是这些从工艺角度提出的一连串问题，就很值得我们思索了。

余云华曾对上述问题作出解析，他认为周人在甲骨上刻字的工具应该是黑曜石刀。黑曜石是玻璃质火山喷出岩，几乎全部由玻璃质组成，一般是黑色和褐色，人们用它来做工艺品和装饰品的原料。黑曜石的硬度令人惊讶，当代美国考古学家希茨借助高倍扫描电子显微镜，发现黑曜石刀刃比现代手术刀锋利 210 倍至 1050 倍，于是他请医生尝试用黑曜石刀进行眼科手术，结果大获成功。人类的祖先早就会利用黑曜石做工具，在太平洋东南部的复活节岛上，有六百余尊巨大的石雕像，最大的一尊高约 10 米，重达 50 吨，另外还有一顶 10 吨重的峨冠。从散抛在采石场的工具来看，这些巨大的艺术杰作都是用玄武岩和黑曜石制的石刀、石凿子雕凿成的。而一般认为，雕像的创作者波利尼西亚人的祖先正是从东南亚经印度尼西亚和密克罗尼西亚迁徙到太平洋上去的。或许，他们就是从中原大地出发而漂洋过海的；退一步说，东南亚人已经学会用黑曜石刀具雕刻石器及艺术品，那么处在中原大地的人们也极可能使用黑曜石刀在龟甲上进行雕刻。

　　古代没有放大镜、显微镜，甲骨上的微雕是怎样进行的呢？史籍上倒是记载了不少具有微雕神技的人。据《韩非子》载：有一位画家可以在豆荚上作微画，日出时将豆荚置于窗上小孔，阳光透过豆荚，把上面的微型图案清晰地投射到墙上，"尽成龙蛇禽兽车马，万物之状具备"，让欣赏奇景的周王喜不自胜。一千多年后，后周江南人应用也是一位微书高手，他可以在一枚铜钱上抄写一部《般若波罗蜜多心经》。这部由玄奘翻译的通俗本经文有二百六十字，一枚铜钱，除去中间方孔的面积，还能抄写二百六十字，实属不易。

　　从另一角度看，即使不会微雕、微书，世上还有一种视力超常的人。四川有一位工艺美术大师邓秀虎，被人称为"世界微书之王"，他的诀窍就是右眼裸视力达到7.06，左视力达到6，比普通人的好视力1.5要高出好几倍。所以，他写微书时根本不需要任何放大器材，能在1平方厘米的面积内，打上三百五十个格子，潇洒地写上三百五十个字。只是他用肉眼写下的字，别人要用放大镜看。照此推测，西周只要有个视力超常的人，让他在1.17平方厘米的龟甲上刻三十个文字，是太容易了。

还有一种说法是，雕刻属周人之"长技"，周之所以名"周"，原因之一就是以雕刻为能事。据今人考证，"周"是"雕"的本字，义为雕琢玉器。在周代璀璨的工艺中，玉琢确实是出类拔萃的。有些玉器的兽面纹，在1毫米的宽度内，就有四五根细线！微刻甲骨与微雕玉器一样，是以"微"见著的艺术，以治玉的功夫微刻甲骨文，应该还是属于西周人长技范围内的。

文字写出来的目的就是给人看的，那么为什么西周甲骨文要写得这么小？余云华认为一是周人长技相沿成习，二是为了展示奇特，但更重要的恐怕是为了保密。这批甲骨文，有的记载了周文王时西周与商王朝的关系，有的记载了周初对外用兵的情况，涉及国家的核心机密，用微刻形式可以确保万无一失。

上述一家之言，虽有猜想成分，但不乏新意。西周甲骨文尽管不及殷墟甲骨文那么引起轰动，但其史料价值和文物价值仍是值得重视的。西周甲骨的微雕之谜，也同样是史学界和工艺美术界应该攻下的堡垒，我们期待着堡垒被攻下的那一天。

耦耕之疑

耦耕是一个与农业科技和经济生产均有密切关系的重大问题。两千多年来,关于耦耕之"耦"的解释,大约有七种,备受历代学者的关注。

二人二耜并耕说。汉代学者郑玄注《周礼·考工记》,认为古代的耦耕是两人各执一耜,共同耕作的方法。耦耕在二人二耜的相同前提下,形成另外两种不同耕作形式的解释,即唐代孔颖达《诗经·大田》正义提出的对耕说,以及唐代贾公彦《考工记》疏中提出的两人一前一后说。

二人一犁或二人二犁说。承培元《说文引经例证》和夏炘《学礼管释》认为,耦耕不是用耒耜,而是用犁,其形式是二人合用一犁或二人并用二犁,且有耕牛牵引。

二人使犁说。陆懋德《中国发现之上古铜犁考》一文指出:"耜是犁头,而最初的牵用人拉。……二人同时工作,一人在后扶犁,一人在前拉犁,如此二人并耦,是谓之耦也。"此说把耜与犁混为一谈。

二人相对说。孙常叙《耒耜的起源和发展》一文主张,所谓耦耕,是二人相对,一人蹠耒,一人拉耜。

二人配合说。农史专家万国鼎《耦耕考》一文提出,耦耕即一人掘地挖土，另一人旋即把土块打碎磨平，也就是一人耕一人耰，配合进行的耕作。

二人一耜说。何兹全在万国鼎《耦耕考》的基础上，撰成《谈耦耕》一文，认为在木制耒耜时代，二人共踏一耜，一人以右脚踏耜上横木的右端，一人用左脚踏耜上横木的左端，使耜平衡入土，不仅是可能的，而且是必要的。

耕作的经济形式说。汪宁生《耦耕新解》一文又提出新的看法，主张耦耕不是一种耕作方法，而是一种耕作的经济形式。农史专家李根蟠则在《耦耕纵横谈》中，不仅从技术上指出耦耕是二人二耒并耜的耕作方式，而且还把它置于当时的社会生产力与生产关系的条件下进行考察。

有关耦耕形式的解释和探讨还在进行，多方面、多角度展开研究，对于加深认识先秦社会经济，肯定是大有益处的。

是否存在井田制

中国古代是否存在井田制,长期以来众说纷纭。归纳起来,大致可分为两大流派。

一说中国古代井田制是存在的。《孟子·滕文公上》:"方里而井,井九百亩,其中为公田,八家皆私百亩,同养公田。"《周礼·地官·小司徒》:"九夫为井,四井为邑。"以这些史料为基础,学者们对井田制的形式、性质及出现的时间各抒己见。有的学者认为,井田制类似于古代罗马的百分田,以郭沫若《奴隶制时代》一书为代表,指出井田制就平坦的地面,划分出有一定面积的等量方田,分配给臣下为俸禄,一方面作俸禄多寡的标准,另一方面作考验耕者勤惰的标准。有的学者认为,井田制属于村社土地,以杨宽《古史新探》为代表,强调井田有公田私田之分,公田即"籍田",是集体耕作的耕地,私田是平均分配给各户的份地,这是一种村社土地制度。有的学者认为,井田制是公社所有制,以徐喜辰《井田制度研究》为代表,提出井田制是一种从公有制向私有制转变的中间阶段的古代公社所有制。商代的公社所有制即井田制,商代的邑就是公社,公社的土地分为"公田"和"私田"两种,公社的农民——"众"或"众人",是农业生产的主要承担者。他们通过公社领得自己的份地,并助耕公田,这就是"殷人七十而助"。有的学者认为，井田制不是土地国有制，而是阶级社会次生公社的土地所有制，以杨作龙《周代井田制问题商榷》为代表，主张井田制存在时间不限于奴隶制时代，而是很早以前就有，后代也一直有残余，它先是一种方块田，然后配上排水的沟洫。还有的学者认为，井田制产生于中国奴隶制的形成阶段，其标志是沟洫灌溉和耒耜耕作。井田制只是一种田亩制度，一种计算赋役的制度。此说以田昌五《解井田制之谜》为代表。总之，在承认中国古代井田制存在的前提下，各家在井田制的形式、性质及出现的时间等问题上仍多不同意见。

一说中国古代井田制纯属子虚。持论者明确否认井田制的存在，以范文澜《中国通史简编》、胡寄窗《关于井田制的若干问题探讨》等为代表。范氏认为，西周不存在一井九百亩的区划，与邑密切相关的井，是饮水用井，而非孟子说的井田的井。胡氏认为，《孟子》中的井田，是中国古代一种空想，应该把井田制与井田思想分开看，中国古代不曾存在过井田制，但井田思想作为一种美好理想却存在于整个封建时期。

经过长期的纷争考辨，人们还是要问，中国古代井田制究竟存在过吗？

三星堆遗址之谜

1986年春夏，四川大学历史系考古专业师生和四川省文物考古研究所的考古工作者们通过数月辛勤发掘，于7月25日凌晨2点30分，在四川省广汉县（今广汉市）三星堆古蜀遗址内，揭开了被称为"一号祭祀坑"的三星堆遗址神秘面纱，出土了包括金杖、金面罩、青铜人头像、象牙及玉牙璋等在内的四百多件珍贵文物。这批文物不但具有明显独特性，其中许多还是在以往考古发掘品中前所未见的！三星堆遗址顷刻间蜚声海内外。随后，更大的幸运接踵而至。在距"一号祭祀坑"二三十米远的地方，考古队又偶然间发现并发掘出一个盛满宝物的地下"收藏室"——"二号祭祀坑"。在这里，比一号坑更多、更精美、更奇异的文物瑰宝呈现在世人面前。

自三星堆遗址发现、发掘以来，围绕三星堆遗址所属，出土文

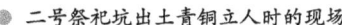
● 二号祭祀坑出土青铜立人时的现场

物特有的神异风格，以及何族何人何时创造了如此辉煌的物质文化所引发的种种推论和猜想此起彼伏，莫衷一是，文化内涵"谜"雾重重，正可谓"剪不断，理还乱"。

三星堆祭祀坑遗址出土的文物丰富奇特，风格怪异。

在一号祭祀坑内，共掩埋有四百二十余件文物，包括铜器一百七十八件，金器四件，玉器一百二十九件，石器七十件，陶器三十九件。另有骨器残片十件，象牙十三根，较完整的海贝六十二枚以及3立方米左右的烧骨碎渣。其中器物是按质地集中后，再按一定的先后顺序埋入坑中的。

在二号祭祀坑内，计出土遗物一千三百件（包括残件和残片可识别出的个体），其中青铜器七百三十五件、金器六十一件、玉器四百八十六件、绿松石三件、石器十五件。另外还有象牙器残片四件、象牙球一百二十颗、象牙六十七根、海贝四千六百余枚。

经现代科学方法测定，已经证实三星堆文化遗址遗存大致分四期：第一期距今4500年（前后误差150年）左右；第二期距今3765年（前后误差80年）左右，此期与中原的夏商之际相当；第三期距今3165年（前后

● 二号祭祀坑出土铜兽面具

误差285年）左右，与商代中晚期相当，一号祭祀坑属本期后段；第四期距今3005年（前后误差105年），与商末周初相当，二号祭祀坑属本期前段。

在十余平方米的狭小空间内，能容纳如此众多的精美文物已经令人惊叹了，一些前所未见的器物，如大型青铜立人、金杖、铜树、凸目面具、目形器、车轮状的太阳型器等充满独特诡异风格的器物更使人匪夷所思，三星堆文化在过去毕竟未见诸典籍，是一段没有文字说明的历史！

两个祭祀坑的发现，使人们最终相信，在比春秋战国更遥远的古代，成都平原存在着一个古文化、古城和古国。这一古国同包括中原地区文化在内的中国其他地域一样，拥有自己悠久而发达的文明。

参加过考古发掘的考古学家对两个祭祀坑细致分析观察后发现：虽然两个祭祀坑年代相距约百年，但埋藏的主要器物都是大型宗庙使用的成套摆设、礼仪用器和祭祀用品。两坑同类器物之间也有着年代上的差距，坑内的器物不是为了举行同一次祭祀而铸造的。两个坑内的器物是不同年代的两个宗庙内的用器，这些器物在长时间使用过程中被加入了新的品种，于是形成如此丰富的成套成组的宗庙祭祀礼仪器物群。两个坑相距很近，出土器物种类相同，两者之间看不出文化面貌上的差异，同类器物之间呈现连续的发展。根据上述情况，他们认为，这些器物是同一地区的两个不同时期的宗庙用器；而祭祀坑被埋藏的原因可能是两个宗庙先后被毁之后，族人将庙里的重器分别埋葬在两个坑中，宗庙被毁的原因则有两种可能：一是敌国入侵，一是方国内部政权的更迭。关于前者，可以通过文献记载得到证实。据《国语·周语下》："是以人夷其宗庙，而火焚其彝器"；《墨子·非攻篇下》："燔溃其祖庙……迁其重器"；《孟子·梁惠王下》："毁其宗庙，迁其重器"；《吕氏春秋·知化篇》："灭其社稷，夷其宗庙"。从三星堆祭祀坑的器物均被焚烧过，二号坑的多数器物被砸坏看，这种情况很像是敌国入侵后造成的。但是有一个问题，三星堆文化当时正处于繁盛期，国力强大，一个强盛国家的宗庙在不长时间内先后两次被敌国摧毁的可能性微乎其微。因而"由于敌国入侵"的说法似有些站不住脚了。

还有一种结论得于"两个祭祀坑的器物是分门别类地按一定顺序埋入的，在埋入前似乎举行过某种仪式"的观察。但如果仅仅是政权更迭，举行必要的奠基仪式就足够了，何至于要毁坏同一渊源的族庙供奉呢？所以这种说法也值得推敲。最终，人们承认"三星堆祭祀坑所反映的情况比较特殊"。

关于两个祭祀坑的性质问题，目前主要意见有如下几种：1.墓葬陪葬坑说。2.火葬墓说。3.厌胜说。4.器物坑说。5.祭祀坑说。6.亡国宝器掩埋坑说。7.国君神庙掩埋坑说。究竟哪种说法正确，或还有没有新的推断出现，尚待进一步研究探索。

在三星堆遗址出土的文物中，青铜雕像备受瞩目。经整理统计，三星堆目前发现的青铜雕像包括大型青铜立人像一尊，与真人头一般大的青铜人头像五十四件，小型圆雕青铜立人像及几组拼装在其他青铜器上的小型铜人数十尊。此外还有二十多件形体巨大的青铜面具。

除少数为写实作品外，其余的面部与造型基本一致。特别是二号坑出土的青铜人头像，已经相当程式化，显得呆板单调。

关于这批青铜雕像所蕴涵的意义，尤其是它们由何人所制，它们体现的身份、地位、族属，它们的用途等等诸多悬而未决的问题，一直困惑着专家学者。考古发掘者最初曾推测人头像是"砍头的牺牲"，是祭祀牺牲的；后来又认为应是祭祀活动中代表不同世代或不同身份的接受祭祀的祖先形象。其作用可能与甲骨文中"子"的身份近似。立人的身份属于宗庙殿堂中央经常性向神灵献祭的大祭司之类，为祭祀中的主祭者形象。铜面具是镶嵌、装置在相应的躯体或宗庙里其他物件上的。其功能是在祭祀仪式的作用下，让祖先亡灵降居宗庙的面具上，由面具代表祖先接受祭祀。眼睛过分向外凸出的，可能与蜀人始祖"蚕丛纵目"的传说有一定关系，表现蜀人的始祖是动物神，人格神是后来才出现的。两手扶膝的跪坐像可能表现的是巫祝形象。

专家学者和热衷破译三星堆文化之谜的人们通过不同角度的研究、观察，得出一些结论。如赵殿增通过将三星堆青铜雕像群体与云南纳西族旧时举行祭祀活动时"东巴"（主持祭祀活动的巫师和祭司）的形体、服装、头饰、动作和祭祀场合"东巴"所处的地位等进行分析比较后认为，"青铜立人像、人头像、各种小铜人像共同组成了三星堆祭祀活动的巫师、酋长和一般祭祀者的社会集团"，他们"代表的是参加祭祀活动的各阶层民族、各部落的一般社会成员，同时，各自还分担着一定的宗教祭祀职责"。而他们的大小、繁简"反映了从最高首领'群巫之长'到各阶层、各部落、各民族代表人物的具体形象"。具

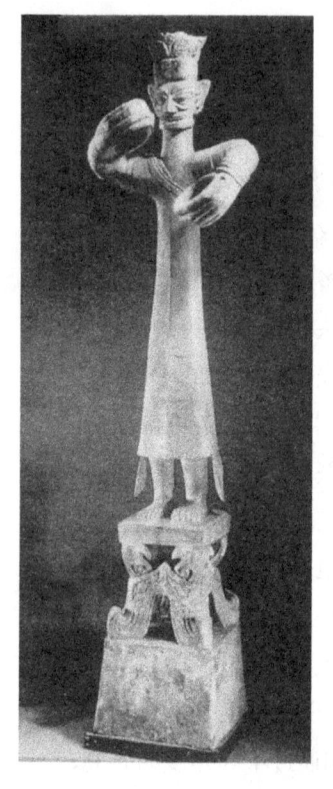

● 二号祭祀坑出土青铜立人雕像

体来说,就是形体高大、衣着华丽、手持法器、威严地立在高台之上的铜立人,应当是具有特殊身份的显赫人物,可视为"群巫之长";按真人大小和形态塑造的五十四个青铜人像,应该代表着参加和组织祭祀活动的各种巫师和首领,他们的地位要低于铜立人。而铜面具具有明显的五官、发型、头饰差别,其中几个面部还戴有纯金装饰的面罩,这可能表示他们之间存在着地位等级和族属的差别,或表示他们属于不同的民族、部落,是不同社会阶层的巫师和首领。几个面部戴有纯金装饰面罩的,则可能象征他们是已经仙逝的著名首领和巫师。个体、神态、服饰、发型、装饰各有不同之处的数十尊小型铜人像,表现他们之间有着民族和社会地位的差异。虽然赵殿增断定这一青铜雕像群体是参加祭祀活动的巫师,但他们在祭祀什么,没有明确结论。

与赵殿增观点相同的是刘弘。他认为这些铜雕像是蜀巫,其中铜立人是蜀巫中的领袖人物,人头像是巫师群体,即古籍中所称的群巫,小圆雕像则是蜀巫中的最低等级。这些巫师再现的是蜀人心目中的巫师形象。

俞伟超通过推断青铜立人像手中所持物应为礼地的玉琮,进而作出它应具有土地神性质的结论。并且由铜立人、神树进而推断青铜人头像表现当时蜀人信仰的多种神祇，而对土地的崇拜占据最重要的地位。

庞永臣则通过考证认为，铜立人是象征着姬属的大宗伯；还通过分析铜人身上衣服的纹饰发现它们代表的是当时的宗庙制度。据他研究，五十四件青铜人头像所代表的是举行祭祀活动时象征先帝先祖的祭尸（或称皇尸），由于祭尸所象征的先祖的身份地位有差异，在铜人头的面具上就有了相应的反映。二十余件青铜人面具，"应为其直系迁庙之祖的祭尸所用"。

《文史杂志》2001年第三期发表了一个中学生对三星堆遗址出土的青铜凸目人面具的缘由的猜想，认为三星堆铜人之所以有这种凸目形象，既不是出于"蚕丛纵目"的传说，也不是出于对太阳的崇拜，而是当时有些人患了某种眼病，使他们的眼睛看起来向外凸，与别人不一样。在医学很落后、人们对此一无所知的情况下，就把他们看成是具有神奇魔力的人加以敬畏。为说明这一点，他还举了古埃及法老埃赫那吞（Akhenaton）的例子，据考古发掘发现，埃赫那吞法老的雕像面容怪异，看起来"不那么舒服"，开始专家学者们有认为那是一种艺术夸张，有认为是由于他童年时得不到他人的重视和关爱，产生了很强的逆反心理，才不惜丑化自己以期引起别人注意。可以说，这种思路很开阔，不受历史学、考古学窠臼的束缚，虽然缺乏依据，但结论还是值得考虑的。

三星堆遗址及其出土文物表明，三星堆已具备了通常意义上所说的文明应具备的"城市、文字和青铜器"三要素，它是与殷墟文明同时的青铜文明，而不是像过去人们认为的那样：古蜀地文明上限是在战国时期，至多也就追溯到春秋时期。三星堆遗址的发现，一方面纠正了过去的观点，另一方面又给人们提出了一个新的问题——这一文明是何族何人所为？

学术界以任乃强为代表的观点是，上古时期西南、西北各民族都是古羌族——亚洲最早创造牧业文化和进入农业生产的民族的支派。三星堆及其后的古蜀文明也是古羌或氐羌建立的。被称为蜀山氏的羌人居住在岷江河谷，经历了近千年的发展。到蚕丛氏一支系时，进入今茂县与汶川之间的一个小平原——茂汶盆地。到鱼凫氏时期，又转而迁至成都平原的彭州、广汉，同时完成从原始氏族公社制向奴隶制度的转变，并逐渐进入发达期。有的研究者认为，三星堆遗址第二期至第四期的文化遗物中所发现的大量类似鱼鹰的鸟头柄勺、鱼形牙璋、鱼形玉佩及金杖上两两相背的鱼纹，都可以证明广汉三星堆文明是由这支渔人部落建立的。

王家祐、龙晦诸虽然也同意三星堆遗址的"古蜀瞿上之一"，但此"瞿"不是鱼凫，而是子规，即杜鹃鸟。

还有学者认为，三星堆古遗址第四期文化当是鱼凫及杜宇王朝政权交替之际的历史遗存。

屈小强则认为，三星堆文明是以岷山蚕丛——鱼凫氏蜀人为主，加上朱提杜宇氏蜀人以及本地蜀人共同创造的夏商时期的长江上游文明。

不管是蚕丛、鱼凫，还是杜宇，乃至其后开明氏创造的古蜀，到相当于中原地区的商代时，已将早期蜀国文化推向高潮。不论三星堆文明的缔造者是谁，有一点是肯定的：他们对内交流，吸收中原、长江中游荆楚地区、陕西汉中地区、鄂西地区等的夏商优秀文化成就；对外开放，纳取海外广大地区的异域因素。正是具有这种广阔的胸襟，才使得他们形成了独具地方文化特色的风格，使他们的文化遗存充满神秘色彩和魅力。

《乐经》之谜

论及儒家经典，人们总是从先秦"六经"讲起。所谓"六经"，《庄子·天运》载："孔子谓老聃曰：'丘治《诗》《书》《礼》《乐》《易》《春秋》六经，自以为久矣，孰知其故矣。'"《汉书·武帝纪》颜师古注也云："六经，谓《易》《诗》《书》《春秋》《礼》《乐》。"因此，六经所指的六部儒家经典应该并无疑问。

到了汉代，统治者罢黜百家，独尊儒术，专门设立"博士"来传授儒学，但却只有"五经博士"出现，始终不见"《乐》博士"的踪影。对此，人们的解释是：秦始皇曾下焚书令，"史官非秦记皆烧之，非博士官所职，天下敢有藏《诗》《书》、百家语者，悉诣守、尉杂烧之。有敢偶语《诗》《书》者弃市。以古非今者族。……所不去者，医药卜筮种树之书"。于是，民间的"六经"被毁之殆尽。至于原由博士执掌的那部分六经，虽然当时尚不属焚烧之列，但最终没有逃脱劫难：秦末战乱，项羽入咸阳，一把大火不仅烧毁了金碧辉煌的阿房宫，也让众多文献宝器成为永远的遗憾。汉初，朝廷一再在民间"访书"，《诗》《书》《春秋》《周官》《士礼》《论语》《孝经》及诸子百家相继出现，唯独《乐经》从此销声匿迹。

《乐经》是被烧毁了吗？邓安生不同意此说。他认为，先秦原本只有五经而并无《乐经》存在，其理由是：

一、《乐记》未言及《乐经》。我们知道，汉代独尊儒术后，研究经学的人日益增多，以至于每部经书都有与之相对应的"传"。这些"传"或附经以并行，或离经而独传，有的敷陈经义，有的称引经文，如《尚书大传》《易传》《毛诗训诂传》《春秋》三传等，学者莫不见传而知经。当时有一种音乐专著叫《乐记》，相传是孔子再传弟子公孙尼子所著（或说战国时某人所著），原文二十三篇，论及音乐的方方面面，却无片言只语称引《乐经》或提及《乐经》之名。先秦时专论音乐的著作本来不多，而属于寥寥者之一的《乐记》竟然不提《乐经》，这不难说明先秦本不存在《乐经》。

二、先秦的史书与诸子无一言及《乐经》。今存的先秦典籍，五经而外还有《左传》《国语》《战国策》《老子》《孔子》《孟子》等多种，这些书都没有称引《乐经》文字或提及《乐经》之书名。特别值得注意的是《论语》和《荀子》，孔子是儒家的创始人，也是一位杰出的音乐家；而荀子则是战国时的儒学后劲，得孔子儒学正传。他们都非常重视礼乐的教化作用。《论语》是孔子的弟子或再传弟子所纂，其中记载孔子谈音乐的地方多达二十二条，却唯独不及《乐经》；《荀子》是荀子本人的著作，其中称引《诗》《书》者比比皆是，还有一篇专论音乐的《乐论》，但也无只语涉及《乐经》。这只能说明，孔子之徒的时代尚无《乐经》，荀子的时代也没有《乐经》。

三、秦汉之际的学者无人提及《乐经》。司马迁撰《史记》，读万卷书，遍览皇家所藏先秦文献资料；又行万里路，走遍大半个中国，进行调查研究，见识可谓广矣。但《史记》全书竟无一言提及《乐经》，其中的《乐书》，专论音乐之事，依靠的也是上文言及的《乐记》。如果《乐经》有蛛丝马迹可寻，以司马迁之严谨的治学态度和不懈的钻研精神，难道会放弃对《乐经》的追寻以至于只字不提这部重要的儒家经典吗？《汉书·礼乐志》载，秦汉之际有一位音乐大师制氏，"以雅乐声律世世在大乐官，但能纪其铿锵鼓舞，而不能言其义"。意思是制氏只知雅乐的声律和乐舞的仪容，而根本不解其义。古人的技艺极重师传家法，制氏的音乐知识应该是渊源有自，他本人的一生也大半生活在秦代。如果秦始皇焚书前有《乐经》，制氏不可能没有读过，甚至没有听说过，以至于对古代的雅乐懵然不知。

四、一般认为，《乐经》毁于秦始皇焚书是古文经学家提出的，如《汉语大词典》就持此说。事实上，汉代的古文学家有谁说过这句话？董仲舒、孔安国、司马迁没有说过，刘向、刘歆父子没有说过，以兼治古今文经的大师郑玄也没有说过。最早明确肯定先秦有《乐经》而遭秦始皇焚毁的是南朝的沈约，他在《宋书·乐志》中说："及秦焚典籍，《乐经》用亡。"稍后，刘勰也在《文心雕龙》中说过"秦焚《乐经》"的话。隋唐以后，附和者愈甚。可见，不仅秦始皇的焚书令中没有提到《乐经》，所谓"古文家认为《乐经》毁于秦火"的说法也是没有文献根据的。先秦有《乐经》，只是儒生子虚乌有的编造。

既然先秦没有《乐经》，那么为什么会有"六经"之称？邓安生认为，"六经"是"六艺"的别称。古代有两种"六艺"，一指礼、乐、射、御、书、数，即国家规定国民应学的六种基本技能，包括了今日所谓的德、智、体,涵盖了文科与理科,是六种初级课程。另一种"六艺"是指诗、书、礼、易、乐、春秋,这是孔子为学生开设的六门课程,也是后世儒门传授的六科。是比前一"六艺"更高级的技艺,也是程度更深的六门功课。对于儒门弟子而言,"六艺"是他们的常习之道,也是治国经世和天地之大法,而"经"字就有常道、常法之意,于是,"六艺"也就成了天地之六种常经了。

可见,两汉的史籍之所以屡屡提及"六经",只是因为"六经"是"六艺"的尊称。"六经"与"五经"的义蕴绝不相同:"五经"是五部儒家经典的总称,而"六经"却是"六艺"的又一称法。"六经"可以换称"六艺",而"五经"却不能换称"五艺"。同样,"六经"与后世的"七经""九经""十三经"都不能相提并论,因为它们不是一个相同的概念。

● 乐经

篆刻　郑英旻

老子姓名之疑

老子是道家思想的开山鼻祖,所著《老子》一书,对我国文化产生了巨大影响,也是人类思想宝库中的瑰宝。可是,由于老子是个隐者,司马迁在为他作传时,已存在老子的姓名为李耳、老莱子、太史儋等三说。关于老子的这些姓名,至今争论不休。

《史记·老子韩非列传》说,老子是楚国苦县人,姓李,名耳,字聃,担任过周的守藏史。自《史记》此说出,影响最大,唐统治者自认为李耳之后,胡适《中国哲学史大纲》亦主此说。

《史记·老子韩非列传》又说:"或曰:老莱子亦楚人也,著书十五篇,言道家之用,与孔子同时云。"司马迁以疑存疑地记载了老莱子,以为也可能就是老子。先秦古籍《论语》《大戴礼》《庄子》《尸子》《战国策》等,也都提到老莱子其人,因此清代孙星衍《问学堂·文子序》认为

● [清]陈洪绶《博古叶子·老莱子》

老莱子即老子。钱穆《先秦诸子系年·老子杂辨》肯定老子即老莱子。可是,梁玉绳《史记志疑》卷二十七认为,"老莱子与老聃判然二人"。马叙伦《老子覈诂·老子、老莱子、周太史儋、老彭非一人考》也主张老莱子不是老子。两种意见争论激烈。

《史记·老子韩非列传》又说:"自孔子死之后百二十九年,而史记周太史儋见秦献公……或曰儋即老子,或曰非也,世莫知其然否。老子,隐君子也。"根据这段史料,近人罗根泽著《老子及老子书的问题》,主张老子即太史儋之说。他提出四点理由:《史记》载太史儋即老子,决非虚造;"儋"与"聃"音同字通;聃为周柱下史,儋亦周之史官;老子有西出关的故事,太史儋见秦献公,亦必出关。因此,太史儋即老子之说,当为不疑之论。

有关老子姓名问题的这三种意见,可以说至今仍然势均力敌,谁也不能说服谁。即使长沙马王堆汉墓出土了帛书《德道经》,还是没能解开老子姓名这一千古之谜。

● 老子
篆刻 郑英旻

● [宋]晁无咎《老子骑牛图》

伍子胥掘墓鞭尸之谜

春秋时代楚平王误听谗言,将大夫伍奢全家斩尽杀绝。伍奢次子伍子胥历尽艰难,逃到吴国,成为吴国重臣,后率领军队攻破楚国都城郢。相传,伍子胥为父兄报仇雪恨,曾经挖开楚平王的坟墓,怒鞭平王尸体三百下。对于这一传说,古文献存在"鞭尸"和"鞭坟"两种不同记载,而近年又出现一种完全否定"鞭尸""鞭坟"的意见。

一、鞭尸说。《史记·吴太伯世家》云:"子胥、伯嚭鞭平王之尸,以报父仇。"《史记·伍子胥列传》曰:"及吴兵入郢,伍子胥求昭王,既不得,乃掘楚平王墓,出其尸,鞭之三百,然后已。"可见,司马迁记此事应当无误。扬雄《法言·重黎》也有这种说法,然后批评伍子胥"鞭尸籍棺,皆不由德"。东汉赵晔《吴越春秋·阖庐内传》,除记有"掘墓鞭尸"的情节外,更增加了"左足践腹,右手抉其目,诮之曰'谁使汝用谗谀之口,杀我父兄,岂不冤哉'"的细节。照此看来,说伍子胥掘墓鞭尸,是有

● 伍子胥(《三才图会》)

根据的。

二、鞭坟说。此说首先见于《吕氏春秋·首时》的记载，说伍子胥"亲射王宫，鞭荆平之坟三百"。《穀梁传·定公四年》则说，他"挞平王之墓"。《淮南子·泰族训》和《越绝书·荆平王内传》也都说伍子胥鞭坟。从古文献史料价值来看，《吕氏春秋》成书早于《史记》一百多年，所言楚国史事应当是可信的。这样，伍子胥只是鞭坟三百，没有掘墓鞭尸。

三、否定说。张君在《武汉大学学报》1985年第三期上发表《伍子胥何曾掘墓鞭尸》一文，完全推翻"鞭尸"和"鞭坟"两说。他认为，伍子胥既没有掘墓鞭尸，也没有鞭坟泄愤，甚至连破郢之战都未参加。其主要理由是：（一）《春秋》等记载春秋时期史事最早又最有权威的典籍，都没有提到过这件事。《左传》仅记载楚平王杀伍奢一家的事，用谴责的笔调，而对伍子胥用同情的笔法，屈原也称赞并自拟于伍子胥。（二）吴国军队攻入楚国郢都，正是孔子在世的时代。孔子最容不得乱臣贼子，伍子胥引吴入室，掘墓鞭尸，可谓罪大恶极，但孔子言论却只字未提。（三）《公羊传·定公四年》明确记载伍子胥忠君、不报私仇的思想："事君犹事父也，亏君之义，复父之仇，臣不为也。"他主观上也不愿做掘墓鞭尸之事，这是十分重要的。

伍子胥掘墓鞭尸的故事，已经流传两千多年，并被改编成无数戏曲、传奇、小说，在民间广泛流传。但是历史真相究竟如何，看来只能存疑。

孔子是野合而生的吗

孔子是中国历史上伟大的思想家,尤其是在以他的思想为代表的儒家思想成为封建社会的正统思想后,他就一直被奉为"圣人""素王",让人们推崇备至。但是,也常常听到一些"好读书而不求甚解"的人窃窃私语:孔子是个私生子!这当然是误传,因为《史记·孔子世家》和《孔子家语》都明白无误地记载,孔子的父亲叔梁纥,母亲颜氏徵在,明媒正娶而生孔子。说孔子是个私生子,大概是源于史书中关于孔子是"野合而生"的记载。人们用后世的观点认为,如果是夫妻,就必然有自己的家,无须野合;而没奈何进行野合的男女,则一定不是夫妻,他们的子女,当然也就是私生子了。

大圣人居然是"野合而生"!这是不是太离谱了?但翻开《史记·孔子世家》,我们可以看到"纥与颜氏女野合而生孔子,祷于尼丘得孔子"的记载。这就是说,以著史严谨而著称的司马迁也没有回避这个事实,他虽然因为孔子是"至圣"而以其列入"世家"但却不得不如实记载这后人眼中的"丑史"。

然而,孔氏是大夫之家,也就是氏族贵族,不可能没有房子住,孔子的父母为什么要跑到尼丘山的荒地去"野合"呢?有关这个问题,倒有不少说法。

据《孔子家语》记载，叔梁纥先娶了鲁国的施氏，生了九个女儿。妾又生了儿子孟皮，但孟皮的腿残疾。于是，叔梁纥就求婚于颜氏。颜氏有三女，徵在最幼，她遵从父亲的命令，与叔梁纥完婚。既是明媒正娶，又去野合，对此现象，司马贞《史记索隐》解释说："今此云'野合'者，盖谓梁纥老而徵在少，非当壮室初笄之礼，故云野合，谓不合礼仪。"这是说，叔梁纥和徵在是老夫少妻，是不合礼仪的婚配。"野"字在先秦被常常解释为"不合礼仪"的意思，如《论语》有"野哉由也"，又说"先进于礼乐，野人也"，都是这个意思。

张守节的《史记正义》又说："男八月生齿，八岁毁齿，二八十六阳道通，八八六十四阳道绝。女七月生齿，七岁毁齿，二七十四阴道通，七七四十九阴道绝。婚姻过此者，皆为野合。"这是说，男女到了一定的年龄，精力衰竭，超过了正常年龄成婚的，是不合礼仪的婚配。

梁玉绳的《史记志疑》说："古婚礼颇重，一礼未备，即谓之奔，

● 野合图（汉代画像砖）

谓之野合……颜氏从父命为婚,岂有六礼不备者……盖因纥偕颜祷于尼山而为之说耳。"意思是,孔子的父母不会由于六礼不备而野合,所谓野合是因为这对夫妇曾经"祷于尼丘而得孔子"而被演绎出来的。

现代学者从婚姻制度考察,认为孔子的时代处于男子当家作主的氏族贵族专政的时代,但又有着对偶婚的遗风。每当花好月圆之夜,男男女女会齐集在适当的地点,唱歌跳舞,尽情欢乐,以至幽会。这个风俗直到战国仍可看到,《墨子·明鬼》云:"燕之有祖(通"沮"),当齐之社稷,宋之有桑林,楚之有云梦也。此男女之所属而观也。"沮泽、桑林、云梦,就是当时的人们野合的好去处。直到秦始皇并六国,这种风俗才被禁止。秦始皇二十八年(前219),始皇东行时在泰山刻石:"贵贱分明,男女礼顺,慎遵职事。"强调了男女之间的礼规。始皇三十七年上会稽时的刻石又云:"有子而嫁,倍死不贞,防隔内外,禁止淫泆,男女絜诚,夫为寄豭(即公猪找母猪,比之对偶婚俗),杀之无罪,男秉义程。妻为逃嫁,子不得母,咸化廉清。"秦始皇的命令对婚姻制度的进步起到了一定的作用。或许,孔子也感觉到这种野合风俗不够文明,故千方百计地将亡父亡母合葬在一起,作为一夫一妻的标识,如此,才符合"圣人"之所为。

性学家们则又从另一个角度看问题。他们发现,各地出土的汉代墓砖上常常刻有生动的"野合图"。我们知道,汉人选刻在墓砖上的,多是象征着吉祥、如意、美好、神圣的图画,为什么被现代人视为黄色淫秽的内容却受古人的青睐?原来,原始的性风俗不仅允许这样做,甚至认为野合比在家中更符合"天道"。野合本来就是远古人类的一种婚配形式，美拉尼西亚所罗门群岛的年轻土著须到森林去"野合"；在斐济群岛、新喀里多尼亚群岛、新几内亚的某些部落，及印度的冈德人和乌托人部落里，甚至禁止夫妻在住宅内亲热，而要去森林野合。可见，在某个历史时期，野合并不是一种丢人的行为。在我国，野合也早就出现在先秦的典籍中。《周礼·地宫·媒氏》记："仲春之月，令会男女，于是时也，奔者不禁；若无故不用令者，罚之，司男女之无夫家者而会之。"汉代出现野合图，说明这种风俗到了汉代仍有一些残留，并传至后世。在现代民俗学中也保存了不少野合的资料。如有些地区，每当稻谷抽穗的时候，农家夫妇就到田里过夜，以"阴阳交合"来促使庄稼的生长。因此，性学家们认为，古人眼中的野合不仅不淫秽，反而是吉祥、美好、子孙繁昌的象征。所以，孔子的父母野合而生孔子，就不足为奇了。

  显然，上述观点虽有分歧，但大多认为孔子"野合而生"是可信的。至于野合到底是什么意思，孔子的父母为什么要野合，则是各有所论，莫衷一是了。

孔子是否诛杀过少正卯

先秦典籍中有的提到孔子诛杀少正卯，有的则没有记载。这样，孔子是否诛杀过少正卯，成了后世聚讼疑问。

《荀子·宥坐》曰："孔子为鲁摄相，朝七日，而诛少正卯。门人进问曰：'夫少正卯，鲁之闻人也，夫子为政而始（先）诛之，得无失乎？'孔子曰：'居！吾语女（汝）其故。人有恶者五，而盗窃不与焉：一曰心达而险，二曰行辟而坚，三曰言伪而辩，四曰记丑而博，五曰顺非而泽。此五者有一于人，则不免于君子之诛，而少正卯兼而有之……不可不诛也。"司马迁《史记·孔子世家》云："（鲁）定公十四年，孔子年五十六，由大司寇行摄相事……于是诛鲁大夫乱政者少正卯。"也就是说，孔子在鲁国由司寇代行宰相职务才七天，就杀死当时鲁国的大夫少正卯，理由是少正卯兼有五种恶行，并且在家里聚众成群，鼓吹邪说，哗众取宠，已是小人中的雄杰，所以非杀不可。后来的《尹文子》《说苑》《孔子家语》等书，都引用《荀子》的说法，认为孔子杀了少正卯。

然而，南宋朱熹认为，孔子并没有杀少正卯。此说一出，许多学者表示赞同。其主要理由是：一、诸子百家著作中寓言居多，不足为信。成书早于《荀子》的《左传》《国语》《论语》《孟子》等，都没有提到这件事,而且《左传》《国语》往往对孔子有所诬罔,也不提此事,可见历史上没有孔子诛杀少正卯之事。二、孔子代行宰相职务才七天,以一个大夫的身份去杀掉另一个大夫,这是不可能做到的。三、孔子提倡仁,坚决反对轻易杀人,当鲁大夫提出"杀无道以就有道"的想法时,孔子表示反对。杀少正卯一事,与孔子的一贯思想不相吻合。

上述两说各自成理,流传至今。那么,孔子究竟有没有诛杀少正卯呢?

● 孔子(《三才图会》)

孔子修过《春秋》吗

"春秋"本不是一个专用名词,春秋时期许多诸侯国的史书都以"春秋"命名,如燕之春秋、宋之春秋、齐之春秋、鲁之春秋等,因而《墨子》中有"吾见百国春秋"一语。相传孔子在周游列国之后,重返鲁国,知道自己的政治理想不能实现,于是就根据鲁国的"春秋"等历史档案材料,进行整理删削,编成了我国第一部编年体史书,仍以"春秋"为名。到了汉代,这部《春秋》被立于学官,成为儒家经典之一,于是,在此之前的各国"春秋"被统称为"不修春秋",而《春秋》就成为孔子修订的《春秋》的专名。

孔子笔削《春秋》一事不是空穴来风,《左传》《孟子》《史记》等史籍都曾提到。如《孟子·滕文公下》曰:"世衰道微,邪说暴行有作,臣弑其君者有之,子弑其父者有之,孔子惧,作《春秋》。"《离娄》篇又说:"王者之迹熄而《诗》亡,《诗》亡然后《春秋》作。晋之《乘》,楚之《梼杌》,鲁之《春秋》,一也。其事则齐桓、晋文,其文则史。孔子曰:'其义则丘窃取之矣。'"《孟子》还记下了孔子的另外一句话:"知我者,其惟《春秋》乎,罪我者,其惟《春秋》乎。"由于这些记载,后世学者就将《春秋》的编修之功归之于孔子。多少年来,上述说法一直为儒者所信奉,几乎成为定说。其间虽然也有人提出异议，不过，相信者依然甚众。近年，学者王和旧事重提，以期澄清事实。

首先，孔子不具备笔削《春秋》的地位和条件。春秋时期各国的"春秋"都属于正式的国史，这是一种大事记录性质的国家档册，其记事简约，文字呆板，具有历代相传的固定的笔法，避讳甚多，许多事情不能直书，因此就后人了解史事而言，这类国史的意义或许还不如史官个人的记事笔记。但是，国史虽然记事简略却地位尊崇，由于它属于国家档案，是由太史掌管的秘藏史书，寻常人等绝对无权翻阅，《左传·昭公二年》记晋韩宣子聘鲁时，曾得以一观鲁《春秋》，但他是以诸侯盟主晋国的正卿即执政者的贵宾身份才得此特殊礼遇的。而孔子晚年在鲁国闭门讲学，虽然声望日隆，却并无一官半职，与官方也没有直接联系，因此以他的地位，是没有资格看到作为国家秘藏档案的《春秋》的。

其次，孔子本人从来不谈《春秋》。《论语》是孔子思想言行的集大成者，是由他的弟子直接依据孔子的言行而编纂，应该十分可靠。《论语》中有记述孔子论《诗》的，如《子罕》《学而》等；有孔子论《书》的，如《为政》等；有孔子言《易》的，如《述而》等，至于谈及"礼"的地方就更多了，但是唯独没有言及《春秋》的。这正可说明孔子本人没有看过《春秋》，如果确如先儒所言，孔子曾熟读、笔削《春秋》，还以之教授弟子，那孔子和他的弟子怎么可能缄口不提呢？

其三，春秋时期的国史是不可能一凭己意而随意修改的。春秋时期的史官职位虽不高，地位却不低，他们是记述史事和解释史事的唯一权威，连最有势力的当权者也无法改动他们撰写的史事记录。鲁宣公二年（前607），晋卿赵盾与国君灵公嫌隙渐深，指使党羽赵穿杀灵公，而自己佯装逃亡，未离国境又返回国都，太史书曰"晋赵盾弑其君"，以示于朝。赵盾与之辩解，太史曰："子为正卿，亡不越境，反不讨贼，非子而谁？"赵盾无言以对。鲁襄公二十五年（前548），齐国权臣崔杼杀齐庄公，太史明书"崔杼弑其君"，崔杼连杀太史兄弟二人，但第三位太史仍继书如其二兄，崔杼只得作罢。上述事例说明，权臣可以用死亡来威胁太史，但却无法使太史改动国史记录。那么，孔子既不是太史，也不是权臣，又怎能做到连执国柄者也无法做到的事情，不仅可以随意观览国史，还可以任意笔削国史？

至于后世反复渲染的所谓"微言大义"的《春秋》笔法，其实也与孔子不相干，这只是历代史官相传的固有笔法。周代讲究礼制，重尊卑等级，史官记述国事则严格遵守规则。如：鲁之大臣阳虎其时实际已执掌国柄，但名义上仍是季氏的家臣，因此作为鲁国国史的《春秋》，因家臣位贱，就完全不书其事。后阳虎叛乱取走鲁国传世的宝玉、大弓，《春秋》却书为"盗窃宝玉、大弓"，将阳虎贬为盗。反之，如果尊者受到不敬的待遇，史官按照记事规则要尽力掩饰和避讳，如晋楚城濮之战后，晋文公召周天子于河阳会盟，《春秋》则以"天子狩于河阳"书之，就是最典型的例子。后人因囿于"孔子笔削"的成说，把本属于史官书法的内容全都归之于孔子的"微言大义"，这其实并不符合历史真实。

所谓孔子修《春秋》之说，有一个历史积淀的过程。孔子在世时，处境极为潦倒,一生求仕而终不见用,失意之情常常流露于言行之中,他的亲传弟子很了解这一情况,因而决不会制造孔子修《春秋》的神话。但随着时间的流逝,一方面许多诸侯国的史书因各种原因散落民间,从神圣的国家秘藏沦为私家讲学的读物,当时曾有过的尊崇地位不复为人了解;一方面儒学的地位由于孔门弟子的大力发扬而影响日巨,现实的功利需要促使孔门后学不断抬高自己祖师爷的地位,神化其形象,于是,孔子笔削《春秋》的说法就在他们当中流传开来。以后,经师们在讲学过程中不断重复这一说法,使之被越来越多的人接受。孟子曾受业于子思的门人,他之所以会反复言及"孔子成《春秋》,而乱臣贼子惧",实际上也是接受了传自师长的、长期流传的先师故事。孟子之后,孔子笔削《春秋》便成定论。汉以后,儒学的地位越来越高,这一说法也就始终被信奉。直至今日,人们还常常把孔子修《春秋》与优良的文化传统紧密相连,作为体现先人道德感、责任感的突出事例。

孔子曾明确宣称自己是"述而不作"的,既然如此,有关他"修《春秋》""作《春秋》""笔削《春秋》"的种种说法,是否都不符合他老人家的本意呢?

● 孔子
篆刻 郑英旻

《春秋》为什么从鲁隐公开始

《春秋》是我国现存的第一部编年体史书,在史学史上有着独特的地位。

严格地讲,《春秋》仅是鲁国国史的一部分,因为它记载了自鲁隐公元年(前722)到鲁哀公十四年(前481)的史事,而隐公之前和哀公十四年后的历史都付之阙如。是否因为隐公之前缺乏历史记载呢?当然不是。我们知道,《春秋》是依据《鲁春秋》修订的,而《鲁春秋》的年限很长,司马迁利用了它的记载修成《史记·鲁周公世家》,就是从始受封的伯禽之子考公起,其下皆有在位年数,可知隐公之前也是有足够的史料记载的。奇怪的是,鲁隐公并不是鲁国的开国君主,也没有什么过人业绩,孔子为什么对他特别青睐,将鲁隐公作为《春秋》第一君呢?

一种意见是,鲁隐公即位,正逢周平王之时。平王东迁,是历史上的一件大事,孔子选择平王东迁的时期开始《春秋》的记载,是为了"纪中兴也"。对此,顾颉刚的意见是:平王东迁的时候,鲁国的国君是鲁孝公,孝公后面还有惠公,惠公之后才是鲁隐公,鲁隐公元年已是周平王四十九年了。因此,如果说为了"纪中兴",那也应该是从鲁孝公开始。

第二种意见是，孔子因为敬重隐公的仁义，又感伤他的死于非命，所以选择隐公作为《春秋》之始。但是，顾颉刚认为，鲁国开国以来，有比鲁隐公更有作为的统治者，如果以可敬为标准，或许还轮不上鲁隐公。

第三种说法出自清江永《群经补义》："疑当时《鲁春秋》惠公以上鲁史不存，夫子因其存者修之，未必有所取义也。"江永说《春秋》起始未必有所取义，其实不然。据《左传·昭公二年》记载，当时的《鲁春秋》是始于周公的，而孔子编定以鲁国为中心的编年史《春秋》却不始于周公，也不始于鲁国始封国君伯禽，不始于与周平王东迁同时的鲁孝公，也不始于虽幼却贵为嫡子的鲁桓公，却单单始自虽长却贱为庶子的鲁隐公，这些可惊异的问题恐怕都不是偶然存在的。

数十年来，很少有学者对此问题发表异说。但是，由于《春秋》在我国历史上的地位，我们如果对它的起始之故茫然不知，就很难对《春秋》以及孔子修史的意义作出正确的评价，然而，孔子著史采用的是著名的"春秋笔法"，即"寓褒贬，别善恶"，并且要做到"微而显"，"志如晦"，"婉而成章"。因此，《春秋》字字暗寓褒贬，后世学者不得不从他的字里行间寻找微言大义。《春秋》为何自鲁隐公始，恐怕也需要从"春秋笔法"中寻找原因。

让我们先来看看鲁隐公其人其事。鲁隐公是鲁惠公的长庶子，惠公卒，他摄政行君王之事，立幼弟允（即鲁桓公）为太子，率国人奉之。及允年长，公子羽父劝隐公杀了允，但是鲁隐公却表示：我暂时居君位是因为允年幼的缘故，早晚我将把君位交给他，我自己在还政后将到菟裘（今山东新泰楼德镇）去居住，准备终老于那里。公子羽父害怕了，反向允进谗言。最后趁着鲁隐公出外祭祀，借居于大夫寪氏家里的时候，派人刺杀了他。这样一个鲁隐公，有什么地方值得孔子青睐呢？

杨普罗、王三北认为，孔子最重视"正名"。所谓正名，就是要依礼摆正君臣、父子、兄弟之间的关系，以维护宗法等级制度下的政治秩序。而要达到这个目的，最核心的要求就是要严格遵守嫡子继承的原则。孔子所处的春秋时期，正是天下大乱之际，"臣弑其君者有之，子弑其父者有之"。而大乱的根源，从政治的立场看，就在于维护贵族整体利益的宗法制遭到了严重破坏，从天子到诸侯到大夫的政治等级关系层层失控，以下犯上、以强凌弱、陪臣执政现象时有出现。这不仅使天下大乱、民不聊生，也使贵族整体的长远利益受到损害、整体力量受到削弱。孔子对此感到触目惊心，不能安枕。因此，他必须苦思冥想治世良方以安定天下，以恢复秩序。

孔子最敬仰的人是周公。"（周）武王克殷二年，天下未宁而崩"，此时武王嫡子成王尚幼，无法承担安定天下的大任。这对刚刚灭掉大邦殷的小邦周来说，局势非常严峻。于是，作为武王弟成王叔父的周公顶着内部流言的压力，以天下为己任，毅然摄政称王。不仅团结内部，平息了大规模叛乱，同时还制礼作乐，定下了一系列巩固周王朝长治久安的典章制度。最终却功成不居、还政成王，以自身的行动维护了宗法等级秩序、尤其是嫡子继承的根本原则。但是周公毕竟远矣，孔子面对的是东周乱世，他必须选择另一个维护宗法制原则的人来作为榜样，寄托其"正名"的政治理想，于是，他选择了鲁隐公这个合适人选。虽然成了鲁国君主，但隐公并不想将君位垄断以便传给自己的儿子，而是在积极安定内部、交好邻国的同时，一心一意培养桓公，准备等桓公成人还君位于他。隐公立为国君之时，并不行继位大礼；当自己母亲去世时，也不以先君夫人之礼安葬，而对桓公之母却敬以国君夫人之礼；当臣下提出杀桓公以固君位时，他丝毫不为之心动，同时也丝毫不防备桓公会对自己下毒手。这些足以说明隐公是诚心在维护宗法等级秩序的。孔子特别将隐公放在《春秋》第一公的位置来写，就是因为他维护了立嫡不立庶这个宗法等级制中最核心的原则。

　　从某种意义上说，隐公和周公的行为是一致的，只是周公是成功的典范，而隐公却成为悲剧的代表，但这不能影响孔子以《春秋》"正名"的取义。这或许就是孔子写《春秋》自鲁隐公始的深刻寓意吧？

"诗三百"是孔子删定的吗

《诗经》最早称《诗》,相传原有三千多篇,经孔子删定以后,剩下三百零五篇,举其整数而言之,因此也叫《诗三百》。汉武帝独尊儒术后,儒家经典被捧到至高无上的地位,《诗》也就被称为《诗经》了。

孔子有没有删过诗?这是个两千多年来一直没有很好解决的问题,最早提出这个说法的是司马迁,《史记·孔子世家》记载:"古者诗三千余篇,及至孔子,去其重,取可施于礼义……三百五篇,孔子皆弦歌之,以求合韶武雅颂之音。"其后,班固在《汉书·艺文志》中也说:"孔子纯取周诗,上采殷,下取鲁,凡三百五篇。"直至宋代,很具批判精神的郑樵在《通志·总序》中也仍然认为:"仲尼编诗,为正乐也,以风、雅、颂之歌,为燕享祭祀之乐。"以后马端临《文献通考》、王应麟《困学纪闻》、赵翼《陔余丛考》等著名的学术著作都赞同孔子删诗说。

但是,唐代经学家孔颖达在为儒家"五经"作注的时候,发现《史记》中的叙述与先秦典籍对《诗》的运用不相符合,于是就对孔子删诗说提出了质疑,引起了学者的注意。在疑古之风很盛的宋代,有更多人对此加以进一步的研究与阐述。直至近现代,史学家顾颉刚、

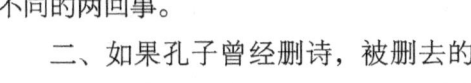
孔子（《三才图会》）

范文澜等都支持这一观点。反驳孔子删诗说的主要理由是：

一、仔细推敲司马迁在《史记》中的话，其实是表达了两层意思，一是说孔子删诗，从三千多篇减删至三百零五篇；一是说孔子选取了三百零五篇诗，作了一番正乐的工作，为求使乐调符合原来的标准。孔子自己只说曾经正乐，从未提到删诗。正乐和删诗当然是性质不同的两回事。

二、如果孔子曾经删诗，被删去的诗篇要占百分之九十的比重，那么，在早于孔子或与孔子同时代的先秦典籍中，应该有《诗三百》中不见的所谓"佚诗"。但是，保存于今的先秦典籍中所引的诗，绝大多数都见于今本《诗经》，这说明当时的《诗》就只有三百余篇。孔子在当时只是诸子中的一家，完全没有后世所赋予的"圣人"的地位，因此即使他删过诗，其影响不足以使当时其他著作都按照他的取舍来引用诗，更不用说会影响到他以前的著作了。

三、据《史记》的记载，孔子是从卫国返回鲁国之后才开始删诗，这时，他的年龄已有六十八岁了。但是在此之前，孔子的言论中已一再提到"诗三百"，可见，在孔子的中青年时代，《诗经》就已经是《诗三百》了，那么，孔子删诗又何从删起？

四、《左传·襄公二十九年》载,吴国公子季札到鲁国访问,鲁国的乐工们为他演奏《诗》的乐曲,其范围没有超出现行的《诗经》,甚至十五国风的排列次序也大致相同,这说明当时的《诗经》已经定型,而此时孔子的年龄只有虚岁八岁,怎能删诗?

五、《诗经》中有不少儒家学者眼中的"淫诗",而孔子是一再提倡"非礼勿视,非礼勿听"的,如果《诗三百》经过孔子删定,这老夫子岂容"淫诗"在其手下生存?

六、先秦各诸侯国之间的邦交往来,常常以《诗》言志。如《左传·定公四年》记载,吴攻楚,楚国岌岌可危,申包胥泣秦廷七天七夜,秦哀公为之感动,赋《诗经·无衣》,其中有"王于兴师,修我戈矛,与子同仇……修我甲兵,与子偕行"等句,表示将出兵相救,恢复楚国。如果当时《诗经》没有统一篇目,赋《诗》言志是无法顺利进行的。

孔子删诗还是不删诗的问题,已经论战了千年了,谁也无法定论。而上海博物馆在2000年破译的一批战国竹简,为"否定说"加了一个重重的砝码。这批战国竹简共一千二百多枚,其中的三十一枚记载的全是孔子对诗的论说,是孔子的弟子对老师讲诗内容的追记。三十一枚竹简所载的六十篇篇名,与今本《诗经》对照,发现有的篇名乃今本所未见,如最后的《肠肠》《又兔》《大田》《少明》等六篇就不见于今本。另外在七枚记载诗曲的音调竹简中,发现了四十篇诗曲的篇名,其中也有为今本《诗经》所未见的佚诗。由此可以推断,《诗经》的篇数一定远远超过三百篇,孔子删诗至三百零五篇的说法就纯属误解了,他所做的可能只是"正乐"而已。另外,孔子若曾经删诗,在给弟子讲授时必定会提到,但是,竹简中"孔子论诗"的内容中却丝毫没有这方面的文字。

上海博物馆战国竹简的破译,目前虽然还有争议,但毕竟为我们这个题目提供了极其重要的资料,孔子有没有删诗这个千古之谜,又向着最终的结论迈进了一大步。

《诗经》是诗歌总集吗

《诗经》是我国先秦著名典籍之一,共三百零五篇,分成"风""雅""颂"三个部分,其中"风"是地方民歌,是当时十五个国家或地区的民间音乐;"雅"是宫廷和京城一带演唱的歌曲;而"颂"则是宗庙音乐。《诗经》题材广,有史诗,有农业诗,有政治讽刺诗,还有歌唱劳动、歌唱爱情的篇章,正所谓"饥者歌其食,劳者歌其事",勾勒出当时整个社会风貌,是研究古史的史料宝库。

《诗经》产生的地域分布很广,除了"雅"和"颂"是东西二都一带的作品,十五国风产生于南到江、汉,东到山东,西到甘肃,北到山西的广大地区。当时要采集这些民歌可真不容易,周王朝专门制定了"王官采诗"制度,每年派出"轩车使者""行人""遒人"等官员到各地采风,以此来了解民情,察看政治得失。《诗经》产生的年代跨度也很大,最早的产生于西周初年(公元前11世纪),最晚的大约在春秋中叶(公元前6世纪),共五百多年。如此看来,《诗经》创作非一人,成书非一时,因此在文学史上,人们一直认为《诗经》是我国最早的诗歌总集,多少年来对此都没有异议。

至20世纪60年代,台湾有一位李辰冬忽作骇世惊俗之论,他一反《诗经》是五百年诗歌总集的看法,而认为《诗经》是周宣王三年（前825）至周幽王七年（前775）的五十年间由南燕人尹吉甫一人所作。

李辰冬的研究方法是从原始资料中寻求原理法则，再以这些原理法则解释原始资料。他认为，《诗经》的形式有点像民歌，实际上是作者用民歌的形式来表达自己的内心，并不是真正的民歌。因为民歌多具共性，而《诗经》三百篇却篇篇有个性。所谓个性，是指每篇都有固定的地点、固定的时间、固定的人物或事件等。

接着，李辰冬又将统计学运用于文学研究，把《诗经》中的每一个字、每一个成语、每一个地名、每一个人名、每一个称谓、每一件史实作一个统计，看看它们各自在《诗经》中出现了多少次，从中寻找一个统一的意义。为了获得科学的结论，他制定了十六条"近乎自虐"的法则，如"遇山川名称，必得指出山的哪一段、川的哪一段，不能只说山名、水名、或发源于何处"；又如"将有相关地名的诗篇作一联系，从中发现古代的某一史实"；还如"遇地名，不仅解释古时在什么地方，现今在什么地方，必要时，还要解释它的历史与环境，务期与诗义发生联系"等等。经过如此细致的研究，李辰冬发现了"《诗经》的每一个字、每一句诗、每个地名、每个人名、每件史实都是实录，没有一点虚假。不仅是一部千古不朽的文学伟著，也是一部活生生的宣王复兴史与幽王亡国史"。

李辰冬发现《诗经》中有十多个统一，即：地理的统一、人物的统一、时代的统一、史事的统一、体裁的统一、名物的统一、诗句的统一、风格的统一、声韵的统一、起兴的统一、人格的统一。据此断定《诗经》乃是一人所作,而作者就是尹吉甫。

据他考证:尹吉甫原籍南燕,后得卫国国君赏识,参加平陈,凯旋后与孙子仲的女儿恋爱,留下《击鼓》《女曰鸡鸣》等几十篇诗。周宣王四年,他参与韩侯的朝见、迎亲,于是又作了歌颂和迎亲的诗,《关雎》《麟之趾》等就是这时作的。宣王五年,他随卫人赴镐京勤王,又西征猃狁,作了《六月》《公刘》《甫田》等几十首诗。宣王六年,他随宣王南征徐戎,宣王逢山祭山,逢水祭水,君吉甫也就写了不少祭诗,作了"周颂"的一部分和《江汉》等诗。凯旋后到宋祭祖,于是作《商颂》。宣王七年,他与仲氏在许国过了一段安定的日子,留下《汝坟》《汉广》一些诗。宣王八年到十年,他被派去东征恢复鲁国的土地,产生了《鲁颂》的部分篇章……以后,仲氏被迫改嫁,作《载驰》等诗……宣王二十五年,连续大旱五年,尹吉甫父母饿死,有《云汉》《蓼莪》等诗……幽王四年西戎作乱,尹吉甫被逐出卫国,内外交困,作《十月之交》《伐檀》《巷伯》等诗。最后,流浪到今山西汾阳县死去,留下《小宛》《鸱鸮》等篇。就这样,李辰冬由统计"士"而认定《诗经》是"士"所作;进而调查"征",不料却查出这个"士"出征的路线;再一步步找出尹吉甫这个"士"随周王出征的过程,使《诗经》的每一篇都在这过程中、在尹吉甫的私人感情生活中得到了定位。

李辰冬的结论,"吓坏了60年代的人"。如果此说能够成立,不仅是西周史要改写,文学史也得改写。过去说中国无史诗,这回有了,只比《荷马史诗》晚了一百年;尹吉甫比屈原早五百年,这就是说,中国的私人诗可提早五百年；至于说《诗经》是第一部"诗歌总集"，那就更无法站住脚了，一个人的作品，充其量只能算是个人诗集了。因此，虽然李辰冬的观点让许多人"不忍卒听"，但学者们还是认为，今后对《诗经》的研究，是无法轻易绕过李辰冬积二十年研究筑起的这道墙了。

《诗经序》出自谁手

《诗经》是我国古代第一部诗歌总集,分风、雅、颂三大类,共三百零五篇,各篇创作年代大致从西周初到春秋末。这部诗歌集,先秦时代通称为《诗》或《诗三百》,汉代以后成为儒家经典,才被称为《诗经》。初传《诗》者,有鲁、齐、韩、毛四家。鲁、齐、韩三家为今文诗学,西汉时立有博士,魏晋以后逐渐衰亡。《毛诗》为古文诗学,相传是鲁人毛亨所传,因赵人毛苌而显,盛行于东汉以后。现在见到的《诗经》,就是《毛诗》的本子。

《毛诗》每篇都有《序》,先以一句话对该诗作提纲挈领的总说,带有题解性质,然后再加以具体申述。在第一篇《关雎》前,有总体解释"诗言志""诗有六义"等大段文字,称为《大序》,每篇前的一小段解释诗文的文字,称为《小序》。那么,这些序的作者是谁呢?历来聚讼纷纭。

郑玄《诗谱》认为,子夏作大序,子夏与毛公合作小序。王肃《家语·注》认为,诗序全由子夏所作。《后汉书·儒林传》说,诗序为汉代卫宏所作。《隋书·经籍志》又说,子夏作诗序,毛公及卫宏又加以润色增益。成伯玙以为,诗序的每篇首句总括语由子夏所作,其余出自毛公。程颢主张,大序为孔子所作,小序为国史旧文。曹粹中提出，《毛诗》初行时尚未有序，其后门人互相传授，各记其师之说。郑樵《诗辨妄》则更大胆地提出，诗序系村野妄人所作，王质、朱熹也主此说。

上述诸种看法，以卫宏作诗序说较为流行，这是因为《后汉书·儒林传》有明确记载："初，九江谢曼卿善《毛诗》，乃为其训；（卫）宏从曼卿受学，因作《毛诗·序》，善得风、雅之旨。"《后汉书》作者范晔是南朝宋人，离汉代较近，故此说为世人所重。

然而，考《诗经·南陔》以下六篇已经亡逸的仅留题目而无文字的笙诗，每篇均有小序，《毛诗》云："有其义而亡其辞。"可见，诗序早于《毛诗》而独立存在，且《毛诗》之外，其他版本如《韩诗》等亦有序，序并非属于《毛诗》。据此理由，《四库全书总目》卷十五《诗序二》认为，每篇序的首句提要，是汉初毛苌以前的经师（主要是战国后期的儒生）所传，以后的申述内容为毛苌以下的弟子所附益。

诗序作者究竟为谁，仍是难解之谜。

《越绝书》何人所作

《越绝书》是研究先秦吴越文化的重要文献。那么,《越绝书》究竟出自谁手呢?说法约有下述几种。

其一,为会稽吴君高所作。东汉王充《论衡·案书》首先把《越绝书》与《越纽录》视为同一本书,然后认定会稽文雅英雄吴君高为此书的作者。这一说法得到明代杨慎、胡侍、田艺蘅等人的首肯。田艺蘅《留青日札·越绝书人姓名字考》解释"纽"本来含有结束之义,越绝就是越纽,认为此书初名《越纽录》,后定名为《越绝书》。但是,清人姚振宗不同意这种说法,他在所作《后汉艺文志》中,就将两部书分别著录,并引同时代人侯康所撰《补后汉书艺文志》的话云:"此书(《越纽录》)论者多疑即《越绝书》,然究无实证,今仍分录之。"李慈铭也说:"越绝字,近儒以为是越纽之误,案首篇《外传本事》,首发绝字之义,两云绝者绝也,谓勾践内能自约,外能绝人,故不称越经书记,而称越绝。末篇《叙外传记》,又自比于孔子之作《春秋》,谓圣人没而微言绝,圣文绝于彼,辨士绝于此,故题其文谓之《越绝》,其旨甚明,何得谓误?"(《越缦堂读书记·越绝书》)姚、李等学者否定《越纽录》即《越绝书》,进而也否定了吴君高作《越绝书》之说。

其二，为子贡或伍子胥所作。《隋书·经籍志》以及《旧唐书·经籍志》《新唐书·艺文志》著录《越绝书》时，认为其作者是孔子弟子子贡。宋代编定的《崇文书目》，既承认子贡为其作者，又加上"或曰子胥"。

其三，为无名氏所作，或谓不可考。宋代陈振孙《直斋书录解题》否认子贡或伍子胥说，认为《越绝书》"无撰人名氏，相传为子贡者，非也"。近人余嘉锡作《四库提要辨证》，赞同陈振孙的意见，以为撰者姓名不可考。

其四，为袁康、吴平所作。明代《国史经籍志》卷三和《澹生堂书目》卷二，提出此书的作者是袁康和吴平。《四库全书总目提要》完全肯定这种意见："书末《叙外传记》以廋词隐其姓名，其云以去为姓，得衣乃成，是袁字也；厥名有米，覆之以庚，是康字也，禹来东征，死葬其疆，是会稽人也。又云文词属定，自于邦贤，以口为姓，承之以天，是吴字也；楚相屈原，与之同名，是平字也。然则此书为会稽袁康所作，同郡吴平所定也。"这样，似乎谜底被揭开了。可是，明代郭钰《辑古越书·凡例》早就指出《越绝书》的驳杂情况，认为袁康托隐语是盗名欺世。

其五，为吴平即吴君高。清卢文弨《题越绝后》首倡这种意见，邵懿辰《增订四库简明目录标注》也将《越绝书》专属吴平一人。

由上看来，《越绝书》究竟出自谁手，尚难成定论。

《左传》是否伪书

《左传》是我国古代一部杰出的历史著作，它以丰富的史料和优美的文笔闻名于世。此书西汉时已经定型，东汉许慎《说文解字·叙》云："北平侯张苍献《春秋左氏传》。"司马迁撰写《史记》，多采《左传》材料，王莽时刘歆大力推崇，"教子孙，下至妇女，无不诵读"（桓谭《新论》），《左传》才得以广为流传。长期以来，由于《左传》一书卷入中国古代经学的今文经学与古文经学之争（《左传》为古文经），加以其作者名姓不清（旧题为春秋时史学家左丘明），内容与《春秋》又有不合之处，故对此书的真伪存在争论。

正式提出《左传》为伪书的，始于清代今文经学家刘逢禄《左氏春秋考证》。而强烈认为此书为伪书的，则是康有为。他在《新学伪经考·汉书艺文志辨伪》中认为，司马迁"凡三言左丘明，俱称《国语》。然则左丘明所作，史迁所据，《国语》而已，无所谓《春秋传》也。（刘）歆以其非博之学，欲夺孔子之经，而自立新说以惑天下，知孔子制作之学首在《春秋》"，"求之古书，得《国语》与《春秋》同时，可以改易窜附；于是毅然削去平王以前事，依《春秋》以编年，比附经文，分《国语》以释经而为《左氏传》"。接着，崔适在《史记探源》中，进一步申述《左传》是刘歆根据《国语》编造而成的伪书这一主张。他说:"刘歆破散《国语》,并自造诞妄之辞,与释经之语,编入《春秋》逐年之下,托之出自中秘书,命曰《春秋古文》,亦曰《春秋左氏传》。"现代学者钱玄同也曾多次著文,力证《左传》与今本《国语》,是刘歆将原本《国语》一书瓜分为二的。此论一出,引起学术界的激烈争辩,至今仍无最终结论。

然而,另有人认为,说《左传》是伪书,证据并不充分。《左传》内容与《春秋》不合者,早在晋代杜预注《左传》时就已指出;《左传》内若干插入的议论,如"君子曰"等为刘歆之辞,此说也早在宋代朱熹的《朱子语类》中就有所谈及。至于《左传》是否由《国语》分出,似可进一步讨论,因为刘歆之前,司马迁在《十二诸侯年表》中已经说到有《左氏春秋》一书;且在战国后期至秦汉之际的《韩诗外传》《荀子》《韩非子》《战国策》《吕氏春秋》诸书,所引的《春秋》语,往往见之于《左传》(刘师培《左传不传春秋辨》)。《左传》早于刘歆已经成书,其作者或即左丘明。

关于《左传》真伪及其作者的争论和研究,必然仍将进行下去。

《战国策》的编纂者究竟是谁

《战国策》是我国古代记载战国时期政治斗争的一部最完整的著作。它实际上是当时纵横家游说之辞的汇编,而当时七国的风云变幻,合纵连横,战争绵延,政权更迭,都与谋士献策、智士论辩有关,因而具有重要的史料价值。该书文辞优美,语言生动,富于雄辩与运筹的机智,描写人物绘声绘色,在我国古典文学史上亦占有重要地位。然而,该书的作者却说法各异。

《隋书·经籍志》称"刘向录",《旧唐书·经籍志》称"刘向撰",《新唐书·艺文志》称"刘向《战国策》",《四库全书总目提要》称"刘向裒合诸记,并为一篇",顾广圻则谓"《战国策》实(刘)向一家之学",都把《战国策》的编纂或著作权归于西汉的刘向。

但是,刘向本人却并不承认。他在《战国策·叙录》中说:"所校中《战国策书》,中书余卷,错乱相糅莒。又有国别者八篇,少不足。臣向因国别者略以时次之,分别不以序者以相补,除复重,得三十三篇……中书本号,或曰《国策》,或曰《国事》,或曰《短长》,或曰《事语》,或曰《长书》,或曰《脩书》。臣向以为战国时游士,辅所用之国,为之策谋,宜为《战国策》。"刘向只承认把游士的著作汇成一集,起名《战国策》而已。

这一疑点存在了两千年，近代学者罗根泽作《战国策作于蒯通考》，才对《战国策》的作者提出了新的假设。蒯通系秦汉之际纵横家，曾劝说范阳令归降陈胜起义军，又建议韩信攻取齐地，劝韩信背叛刘邦而自立，汉惠帝时为丞相曹参宾客，著有《隽永》八十一篇。其理由是：一、《史记·田儋列传》："蒯通，善为长短说，论战国之权变，为八十一首。"《战国策》正是"论战国权变"之书。二、《战国策》原名《短长》《长书》《脩书》（"脩"即长），而蒯通正是"善为长短说"之人。三、《战国策》迄于楚汉之起，而蒯通曾在楚汉之际游说韩信，在时间上吻合。故唐司马贞《史记索隐》曾说，《战国策》亦载蒯通游说韩信的言论。四、古代私家著作往往没有统一的书名，如《论语》书名，定于汉初；《史记》在汉时称"太史公"或"太史公记"等。《战国策》初期亦无定名，至刘向时方才为之定名。五、《战国策》又名《隽永》。《汉书·蒯通传》："通论战国时说士权变，亦自序其说，凡八十一首，号曰隽永。""隽永"即脩长，亦即《短长》《长书》《脩书》之谓，《隽永》当为蒯通对该书的自名。罗氏的结论是："《战国策》始作于蒯通；增补并重编者为刘向；司马贞所见是否即刘向重编本不可知，今本则有残阙矣。"此说一出，争辩更为激烈。

20世纪70年代初，长沙马王堆汉墓出土帛书《战国纵横家书》，对于考证《战国策》的作者，又提供了新的思路。该书许多部分与《战国策》相同或类似，但体例详略不一，而以记载苏秦一生的言论为主，很可能是《汉书·艺文志》中提到的《苏子》一书的辑录。但该书的最后一部分，又为各种游说故事的辑录，大都与《战国策》同，而全书的最后年限则为秦国攻楚，似成书于秦汉之际。这样，对于《战国策》成书于蒯通的说法，又增加了一层迷雾。

左丘明姓名之疑

左丘明,一般认为是先秦时期著名编年史《左传》的作者。之所以说"一般认为",是因为《左传》究竟是谁写的,一直是史学史上的一个谜。其实,有关左丘明的疑谜还不少呢!如关于左丘明的姓和名,几千年来就一直没有弄明白过。

有人说,左丘明姓左,名丘明。唐朝孔颖达在《春秋左传正义》中解释《左传》书名时说:"以其姓左,故号为《左氏传》也。"

还有人说,左丘明姓左丘,名明。司马迁在《报任少卿书》及《史记·太史公自序》中都有"左丘失明,厥有《国语》"之句。因左丘二字连文,朱彝尊《经义考》也据此断言"左丘为复姓甚明"。

又有人说,左丘明姓丘,名明,左是史官职称。应劭《风俗通义》曰:"丘姓,鲁左丘明之后。"俞正燮《癸巳类稿》就由此推论说:"丘明子孙为丘姓,义最古无疑。丘明传《春秋》而曰《左氏传》者,以为左史官言之。"

三说都有较具权威性的史料为证,两千多年的争议,基本就围绕此三说而进行。但是,到了20世纪90年代中期,滕新才提出新说,即:左丘明姓左,名不详,字丘明。这下,使原已相持不下的论争更加复杂了。

滕新才是以中国古代礼制为切入角度的。他认为，先秦古人有姓有氏有名有字，姓是作为同一血缘关系的标志，而氏则是姓的派生，代表一个氏族，是家族的象征。因此古人说："天子建德，因生以赐姓，胙之土而命之氏；诸侯以字为氏，因以为族。"所以，从姓氏起源这层意义上说，"左"唯有作为左丘明的姓氏才讲得通。它不可能是官名，因为如果"左"指"左史"的话，那么《左传》一定会叫《左史传》而不是《左氏传》。它也不可能是复姓，司马迁笔下的"左丘失明"，纯粹是为了与上文"西伯拘而演《周易》，仲尼厄而作《春秋》；屈原放逐，乃赋《离骚》"保持行文上的对仗。

古人的称呼礼节是十分严格的。一般来说，卑称、自称或上对下、长对幼，往往称名；尊称、他称或平辈相称及下对上称，必须称字、称号、称官爵、称地望，直呼其名是非常不礼貌的行为。《论语·公冶长》记载："子曰：巧言、令色、足恭，左丘明耻之，丘亦耻之；匿怨而友其人，左丘明耻之，丘亦耻之。"意思是说，谄媚别人和面善心恶的行为，左丘明认为可耻，我孔丘也认为可耻。这里，孔子先列左丘明的观点，再以自己的观点去比附，可见他对左丘明是非常推崇敬重的。孔子一生强调"礼"，既然他对左丘明是敬重的，那么，他在学生面前提到左丘明就只可能称字而不会称名的。

古人取名还有一定的规则，《礼记·曲礼上》曰："名子者，不以国，不以日月，不以隐疾，不以山川。"照此规定，古人不得以国、官、日月、山川、隐疾、畜牲、器币为名，这是当时社会生活的一条准则。左丘明是鲁国的史官，鲁都郊外有山名尼丘，如果丘明是他的名字，那就违背了"不以山川"的原则。或许有人会问：孔子是鲁国人，他不就叫孔丘吗？这确实是一个特例。孔子之父叔梁纥晚年娶颜氏徵在，曾祷于尼丘山。孔子出生时头上圩顶，中间低四周高，恰似尼丘山，故而"以类名"，名丘字仲尼。所以孔颖达在《春秋左传正义》中特别解释说："盖以其有象，故特以类命，非常例也。"孔子以其出生的缘故而有此特例，左丘明不见得也与孔丘有同样的经历吧？

古人还有一种风俗，即以姓、字连称，中古以下尤其成为一种时尚，以至于有人"以字行"而本名反倒使人淡忘了。上古典籍中，这类情况也比比皆是。《论语·先进》记："子曰：从我于陈蔡者，皆不及门也。德行：颜渊、闵子骞、冉伯牛。"一连三个人，都是姓字连称。又如，著名工匠公输般，字若，《礼记·檀弓》记作"公输若"；稷下学者田广，字骈，《庄子·天下》就作"田骈"。因此，左丘明姓字连称，也属这种情况。

那么，左丘明的后代为什么会姓"丘"呢？这又是古人的一项姓氏规则，即"诸侯以字为氏"而"小宗五世则迁"。如孔子原是宋襄公之后，子姓。从襄公传到公孙嘉正好五代。公孙嘉字孔父，所以他这一宗族就以孔为氏了。这一风俗恰恰说明了"丘明"是字而不是名，因为如果是名的话，左丘明的后代就不可能姓"丘"了。

滕新才的论述确实很有说服力，但也留下了又一个谜，即：如果"丘明"是字的话，那么左丘明的名是什么？

看来，左丘明的姓名字号，仍是一个会令后人反复探究的问题。

● 左丘明　篆刻　郑英昱

谁写了《国语》

研究春秋时代的历史,总离不开《左传》和《国语》。《左传》重在记事,《国语》重在记言;《左传》分年编写,《国语》按国叙述。两者相辅相成,相得益彰。两书的作者,旧题均为左丘明。如果说《左传》确系左氏之作,那么《国语》的作者是否也是左丘明呢?对此,历来疑莫能明。

一、左丘明说。持这种说法的人认为,《国语》始见于司马迁《史记·太史公自序》:"左丘失明,厥有《国语》。"在《报任安书》中,司马迁又说,左丘明无目,"终不可用,退论书策以舒其愤,思垂空文以自见",把《国语》的著作权归于一个姓"左丘"名"明"的盲人。之后,刘歆、班固均称,《国语》为《春秋外传》,以为《国语》的作者就是撰写《春秋左氏传》的左丘明,但这个左丘明是姓"左"名"丘明"的人。刘歆主张此人就是孔子在《论语》里称颂的左丘明,而班固则主张此人是鲁国的太史。至于为什么叫"外传",三国时韦昭《国语解·序》中说得明白,左丘明在完成《左传》以后,"因圣言以摅意,托王义以流藻……雅思未尽,故复采录前世穆公以来,下讫鲁悼、智伯之诛……以为《国语》"。左氏撰写此书的目的,是为了补充和扩大《左传》的。东汉的王充也有类似观点,他在《论衡·案书篇》

中曰:"《左氏》传经,辞语尚略,故复选录《国语》之辞以实。"又云:"《国语》,《左氏》之外传也。"这样,就为《左传》记事、《国语》记言的分工作了合理的解释。

二、非左丘明说。最早提出《国语》不是左丘明之作的,是唐代柳宗元。他撰写《非〈国语〉》上、下两篇,提出六十七个问题,指明书中的矛盾,说:"其事多杂,盖非出于左氏。"但是,他只是从内容,主要是从观点和行文方面,指出《国语》的作者不可能是孔子崇敬的、撰写《左传》的左丘明,没有指出作者是谁。接着,宋代学者朱熹、郑樵,清代学者尤侗、皮锡瑞,都对《国语》的作者提出过疑问。近代学者则从内容和形式两个方面进行考察,认为《国语》是一部历史资料的汇编,并非出自一时一人之手,张舜徽《中国史学名著题解》一书说:"《国语》是一部汇编之书,它仅仅反映了春秋时期的八个国家,每一个国家所记史事详略不同,写法也不相同,不像出自一个人的手笔,很可能是当时各国史官把史事记下来后,有人在这些材料的基础上进行整理、加工、润色而成的。至于最后定稿者是谁,就不得而知了。《国语》的成书年代也已不能确考,大致是在战国初年,各篇先后有所不同。"

有关《国语》作者究竟是谁的讨论并未结束,若欲定论,尚须探索。

《孙子兵法》之谜

《孙子兵法》是我国古代极为重要的军事理论著作，历来被称作"兵经"，被誉为"百代谈兵之祖"。虽然，长期以来人们只能看到其中的十三篇，但也足以令全世界震惊。人们不仅将它运用于军事领域，还将其精邃的思想、深刻的哲理应用于商业竞争、体育竞赛、外交谈判等多种场合，其学术价值是不言而喻的。

但是，《孙子兵法》又有许多未解之谜。首先，《孙子兵法》的作者，就是令史学家长期困惑的问题。春秋战国时期有两个孙子，一是春秋后期吴国的将军孙武，一是战国中期齐国的军师孙膑。《汉书·艺文志》著录有《吴孙子兵法》八十二篇和《齐孙子》八十九篇，而唐颜师古对前者的注释是"孙武也，臣于阖闾"，对后者则注曰"孙膑"，可见两个孙子各有其人，又各有兵法传世。但是，后世能见的《孙子兵法》只有一部，于是，自宋代开始，就有许多人产生怀疑和猜测。有人认为《孙子兵法》源出于孙武，完成于孙膑，因为书中有不少关于战国的内容。有人认为孙武的事迹如吴宫训练女兵等"奇险不足信"，因此吴未必有此人，其事其书都是纵横家作伪。还有人认为孙武与孙膑本是同一人，武是其名，而膑是他的绰号。包括现代学者钱穆也认为，孙子在吴国和齐国都逗留过，司马迁不能辨，而把一人分为二人。

　　纷纭离奇的争论直到1972年才见分晓，当时，山东临沂银雀山发掘西汉墓葬，出土的大批竹简中包括了《孙子兵法》和《孙膑兵法》。这一发现，不仅使失传了一千七百多年的《孙膑兵法》重见天日，也证实了《汉书·艺文志》关于两个孙子及两部兵法的记载是正确的。

　　尽管如此，仍有学者对《孙子兵法》保留怀疑态度，因为兵法阐述的大多是战国时期的情况，如出现了战国时期常用的"形名""霸王"等词语；所谈的大多是运动战，这正是战国时惯用的打法；文中好用"五"数，而这是战国时"五行"流行后的习俗；又称国君为"主"，但这是三家分晋后的事情。其他如言兵动辄十万、言战争往往旷日持久、"将"可独当一面、出征时要求"智者务食于敌"等，都是战国时期才出现的情况和策略。于是，要断言《孙子兵法》是孙武所作，似乎还留有尾巴。

　　即便人们承认《孙子兵法》就是《孙武兵法》，也还有疑问存在：《汉书·艺文志》明确记载《孙子兵法》是八十二篇，为什么只有十三篇传世？历史上是否有过《孙子兵法》八十二篇？如果有，它是否还保存在人间？它与现存《孙子兵法》十三篇又是什么关系？这些，正是史学家和军事学家苦苦探索的千古之谜。

　　1996年，一个振奋人心的消息在各种新闻媒体广为传播，记者杨才玉声称，他在西安亲眼看到了完整的《孙武兵法》八十二篇，包括一卷汉简和根据汉简手抄的兵书全文。据说，在光绪三十二年（1906），号称"清末良吏第一"的山西籍进士张瑞玑被调任陕西韩城知县。上任途中，他慧眼识宝，以重金购下《孙武兵法》八十二篇图九卷古兵书竹简。辛亥革命以后，张瑞玑出任过山西省财政司司长和陕西省军政府顾问等职，因不满于军阀混战，辞职归里，不问政治，与其子张联甲共同整理《孙武兵法》。张瑞玑病逝后，毕业于保定军官学校、参加过北伐的张联甲继续深入研究，将《孙武兵法》一篇篇书于宣纸上。经数十年不懈的努力，终于初步完成了这一艰巨的任务。"文革"时期，张联甲恐汉简兵书"惹祸"，不得不采取毁简保兵法的策略，将古兵书竹简公开烧掉了。乘着"红卫兵"不注意的时候，他在火中抽出一捆即将点燃的竹简（即八十二篇中的第三十一篇），从而幸运地保存了一件汉竹简和全部兵书的墨迹手稿。如今，这些珍贵的文物保存在张家第三代手中，被称作是"中华民族灿烂的古文化宝库中崭新的华章"。

杨才玉分析兵法的创作：孙武有感于战乱不绝，生灵涂炭，"禁争夺"是当世之急。但要禁争夺，必须"以戛去戛（古兵器），以杀去杀，以暴去暴，以战去战，方可国泰民安"。于是他呕心沥血，苦修兵法，修成之后，没有立即定简，而是深入研究，字斟句酌。在为吴王辅政的七年间，也没有将兵法和盘托出，而是在实践中不断充实完善它。功成身退之后，隐居数年，继续修订兵书，直到周敬王十六年（前504）才最后定简。原文八十一篇，卷末有本人写的《终语——预示》，详细叙述他研究兵法的缘由和写作经过及主要军事观点，西汉楚王韩信研读后，将《终语》定而入为《孙武兵法》第八十二篇。

那么，《孙子兵法》十三篇从何而来？杨才玉认为，孙武在完成兵法巨著后，认为这部集大成的兵书只能传给贤明之君和智贤之臣，若为昏庸之君和奸诈小人利用，必将危害国家和人民。于是孙武采纳了儿子的建议，并让儿子帮助他完成了缩写工作，终成《孙子兵法》。一如孙武在《终语——预示》中所写的："吾子恸揥（dì，捐弃之意），天机阴杀，去步图，而留大则，缩立成简，一曰计，二曰谋，三曰形，四曰势，五曰争，六曰战，七曰变，八曰实虚，九曰行军，十曰地形，十一曰玖地，十二曰火攻，十三曰用间，此为十有三篇矣，定名孙子兵法。"这就是《孙子兵法》十三篇的来历。

《孙武兵法》八十二篇被发现的消息轰动一时，但很快就有人提出质疑，认为这一发现漏洞百出。首先，简文内容违背史事处颇多，如《拾中》篇多次提到骑兵，大谈骑兵作战，而中原各国直到公元4世纪末赵武灵王实行"胡服骑射"后，才开始发展骑兵这一重要兵种，孙武怎能在兵书中侈言骑兵作战？再如《预示》中云："纵观天下，盘古开国传于姬周，五千余年。"这也与史实相悖：盘古开天地之说起源很晚，直到宋修《太平御览》引三国徐整《三五历记》中有关盘古的传说，才逐渐流传开来，作于春秋时期的《孙武兵法》怎么会称道盘古呢？

其次，所谓"发现"的过程逻辑混乱，不能自圆其说。如既然孙武将兵书定简秘不示人，那么，韩信怎么会看到简文？稍晚于韩信的司马迁却又只看到"孙子十三篇"？到了东汉班固时，又成了八十二篇？班固凭什么机缘能睹秘不示人的竹简的风采？临沂汉简出土后，国家组织众多史学家考释，仍有不少文字无法辨读，可见汉简的识

《孙子兵法》书影

读并不简单。而作为收藏家的张氏父子就可将洋洋十四余万言的兵书整理识读，这本身也令人怀疑。

其三，先秦著作往往不止出自一人之手，大多为同学派累世辗转而成，即便是《孙子兵法》十三篇，也可以看出后人增益的成分。而孙武不仅独力完成了八十二篇巨著，还自己命其著为《孙武兵法》，这岂不是太不符合一般规律了吗？

总之，所谓的"重见天日"的《孙武兵法》八十二篇，来历蹊跷，疑点太多，其可信度是让人持保留态度的。人们希望尽快看到被张氏收藏的一卷汉竹简和八十二篇手抄本全文，唯有这样，才能尽快地揭开史实的真相，给《孙子兵法》这一千古之谜一个确切的解答。

西施之谜

浣纱女西施,是众所周知的我国古代四大美女之一。相传,她在春秋晚期吴越相争的过程中,曾帮助越国消灭吴国。越王勾践与美女西施联袂演出的美人计,在中国已是家喻户晓的历史故事。然而,历史上究竟有无西施其人?退一步说,即使确有其人,那么她的身世下落又怎样?对此,长期有不同说法。

关于有无西施其人的问题,存在两种截然相反的意见。一种意见认为,并无西施其人,依据是记载春秋历史最详细、最古老的文献,如《左传》《国语》等,都只字未提西施其人。《国语·越语上》描述吴越争斗的过程,只是说:"勾践女女于王,大夫女女于大夫,士女女于士。"还说越国饰美女八人去赂太宰嚭,太宰嚭如果帮助越国成功,"又有美于此者将进之",根本没有提到西施。《庄子·齐物论》中记有西施,却是夏时人,与吴越相争中的西施风马牛不相关。另一种意见认为,西施确有其人。其文献根据是《孟子》《淮南子》《越绝书》《吴越

● [清]任渭长《西施》(木刻)

● ［清］吴友如《西施郑旦》

春秋》等，诸书都说她本是苎萝山下卖薪女（或说浣纱女），天生丽质。勾践把她选入宫后，学习舞蹈礼乐，接受美人计后到吴国。她身在吴国心在越，终于完成计谋，使吴亡而越兴。

假定历史上确有西施其人，那么她的下落问题，也是人们感兴趣的。归纳起来，大致有三种说法。

一、西施随范蠡隐居说。东汉袁康《越绝书》记载，吴亡后，"西施复归范蠡，同泛五湖而去"。明代胡应麟《少室山房笔丛》也有类似说法，以为西施原是范蠡的情人或妻子，吴国覆亡后，范蠡带着西施隐居起来。李白《西施》诗："一破夫差国，千秋竟不还。"也认为西施跟随范蠡隐居。只是《国语·越语》和《史记·越王勾践世家》记载范蠡退隐的事甚详，而没有提及西施。

二、被越王沉江说。《墨子·亲士》说："是故比干之殪，其抗也；孟贲之杀，其勇也；西施之沈，其美也；吴起之裂，其事也。"《吴越春秋·逸篇》也说："越浮西施于江，令随鸱夷而终。"意即西施在吴越争斗中，被越王利用，"狡兔死，走狗烹"，越王得意后，就把西施

● 范蠡(《于越先贤传图像》)

装在袋内沉入江底。

三、不慎落水而卒。善良的人们并不希望西施这位无辜的弱女子有个悲惨结局,于是找出初唐诗人宋之问《浣纱》诗:"一朝还旧都,靓妆寻若耶;鸟惊入松梦,鱼沉畏荷花"为依据,认为吴亡后西施回到故乡,在一次浣纱时,不慎落水而死。此说似乎最理想,可是最缺乏证据。

总之,围绕西施的故事很多,疑谜也不少,究竟哪一种说法既符合史实又合情理,可请读者自省。

"春秋五霸"究竟指谁

稍有古代史常识的人都知道"春秋五霸",但是"五霸"究竟是指哪五个人,却是两千年来的一段公案。其说法有十多种,人物牵涉到十五个,直至今日,《辞海》《辞源》等权威工具书对此也是数说并存,广为人知的"五霸"偏偏成了千古之谜。

战国后期至唐宋,关于"五霸"的说法大约有六种。《荀子·王霸》认为是齐桓、晋文、楚庄、吴阖闾、越勾践。王褒《四子讲德论》认为是齐桓、晋文、秦穆、楚庄、越勾践。《白虎通·号篇》认为是昆吾、大彭、豕韦、齐桓、晋文。同时,该书又指出齐桓、晋文、秦穆、楚庄、吴阖闾和齐桓、晋文、秦穆、宋襄、楚庄另外两说。颜师古《汉书注》则认为是齐桓、宋襄、晋文、秦穆、吴夫差。上述六说,牵涉到十一人,其中完全相同的只有齐桓、晋文。此外,十一人中有八人在春秋,三人在夏、商二代。

明清至近代,史学界对五霸说进行了新的审视,或沿旧说,或提出新解,归结起来,大致有五说。陈立《白虎通疏证》同意昆吾、大彭、豕韦、齐桓、晋文说。毛奇龄《四书賸言》支持齐桓、晋文、秦穆、宋襄、楚庄说。阎若璩赞同齐桓、晋文、楚庄、吴阖闾、越勾践说。全祖望提出新解是齐桓、晋文、晋襄、楚庄、晋悼。而朱起凤

《辞通》则提出了郑庄、齐桓、晋文、秦穆、楚庄。与以往相比，这一时期的史家摒除了三说，增加了两说，人物却从十一人增至十五人。

现代对五霸的说法只有两种。一如杨伯峻在《孟子译注》中主张的齐桓、晋文、秦穆、宋襄、楚庄说。一如金景芳在《中国奴隶社会史》中主张的齐桓、晋文、楚庄、吴阖闾、越勾践说。虽然没有提出新的说法，但将传统的八种说法骤减至两种，人物也减至七人，为进一步研究打下了基础。不过，毕竟还存在两种说法，还不是我们追求的"确指"。

为了解决五霸问题，孙景坛作了有意义的探索。他从《左传》的记载中找出中国历史上第一个使用五霸一词的人，即宾媚人。当时，齐、晋交战，齐败。齐侯派宾媚人到晋请和，晋提出了苛严的条件。宾媚人在辩驳中要求晋以四王、五霸为榜样，接受宝物和割地而不要灭亡齐国，最后竟然说服了晋，取得了外交上的胜利，这说明五霸当时在各国诸侯心目中确有说服力。这一年是鲁成公二年（前589），由此，我们可以说，五霸在成公二年前已经出现，换言之，五霸在历史上活动的时间，应该是在成公二年以前。确定了五霸的下限，就可以将晋悼公、吴阖闾、吴夫差、越勾践排斥在五霸之外。当然，晋景也应去掉，因为宾媚人涉及五霸的话就是对晋景公说的，景公自然不会在五霸之列。与晋景以下的人有关的五霸说，如荀子、王褒、颜师古、全祖望及《白虎通》的说法都不能成立。这样，五霸说就由传统的八种说法锐减至三种，人数也从原来的十五人减至十人。

确定了下限，再来看看上限。"霸"字以"霸主"的含义在中国古书中第一次出现是在《左传》庄公十五年:"春,复会焉,齐始霸也。"这里的"始霸"不仅指齐刚刚成为霸主,更重要的是指齐是中原第一个霸主。在齐之前,中国历史上没有霸。这样,我们又可以把齐桓之前的昆吾、大彭、豕韦、郑庄等四人去掉。传统的五霸说只剩下一种,人物也减至六人,五霸应该就在这六人之中。

但是,剩下的齐桓、晋文、秦穆、宋襄、楚庄五霸说是否正确?余下的齐桓、宋襄、晋文、晋襄、秦穆、楚庄等六人是否能算"霸"?这仍然值得探究。

上述硕果仅存的五霸说一直受人们攻击的地方是:宋襄公也算得上是五霸之一?宋襄公是齐桓之后、晋文之前一个较为突出的人物,齐桓公死后,齐国内乱,他与其他诸侯一起,将齐太子送回国内继位,即齐孝公。此后,他想尽办法示威于诸侯,想谋求霸主地位,但诸侯并不服他,最后在宋楚泓之战中,因"蠢猪式的仁义"而一败涂地。宋襄公不仅没有当上霸主,时人也并没有将他当霸主看待,甚至连他的臣下也觉得他离霸主的要求相差甚远。因此,有宋襄公在内的五霸说实在是站不住脚的。由此可见,传统的五霸说虽然多,但没有一个经得起推敲,难怪先贤们争论了两千年未有结果。

剩下的问题是,五霸究竟是哪五个人?可以说,除了宋襄公,其他五人的"霸业"均可观:齐桓,史称他"一战帅服三十一国","九合诸侯,一匡天下",无疑是春秋时期的首霸。晋文,城濮之战大败楚国,多次主持诸侯会盟,周襄王亲自册封为"侯伯",其霸主地位是众所公认的。秦穆,曾"益国十二,开地千里",史载"秦用由余而霸中国",他确实曾称霸一时。晋襄,在殽等地几次大败秦军,又主持会盟,抑制楚国的兼并活动,故《左传》昭三年云"昔文、襄之霸也",可知晋襄之霸史有明文。楚庄,侵郑伐宋,问鼎中原,并在邲大败晋军,"胜晋于河雍,合诸侯于宋,遂霸天下",以楚庄的实力,称霸中原应该是没什么问题的。

所以说,根据当时的历史条件,齐桓、晋文、秦穆、晋襄、楚庄,是最有资格被称作"霸"的,如此,争论了两千年的春秋五霸问题是否可以画上句号了?在20世纪末,赵东玉发表《五霸别解》一文,认为从春秋战国时期的一些传世文献来看,"五"在时人的观念中,并非一个确数,而是一个虚指,即"五"与"三""九"一样具有"多"的约数含义。如《左传》僖公四年载有"五侯九伯,女实征之,以夹辅周室"之语,其中的"五侯九伯",古今注释家异口同声地认为是"统言天下诸侯"。同样,《老子》十二章谓:"五色令人目盲,五音令人耳聋,五味令人口爽。"其中的"五"字显然也是虚数而不是实指。"五"的这层含义,顽强地存在于现代汉语语汇中,如五谷、五彩、五毒、五湖四海、五花八门、五光十色等。因此,不需要困惑于文献中人言人殊的五霸组合。如此,则"五霸"一词,对于春秋时期诸侯纷争、霸主迭兴局势的描绘还更加淋漓尽致和传神逼真了。

此说若成立,前文所述的"十说""六说""五说""两说"等争论,岂不都成了多余的?

石鼓文之谜

唐代在天兴县（今陕西凤翔）出土十块鼓形石，每块石上均刻有四言诗一首，由于诗歌内容多记录和歌颂渔猎之事，又由于石形如柱础，故又称"猎碣"。石鼓文在文学、历史学、书法诸方面，均有很高的价值，唐代诗人韩愈、韦应物等，曾先后作《石鼓歌》称颂。宋人为使石鼓文字免受损害，曾填嵌金泥加以保护。金人获得后剔去金泥进行拓印，辗转流传至今，现藏北京故宫博物院。然而，石鼓文系何国文字？作于什么时代？长期以来成了难以解答之谜。

唐代李吉甫《元和郡县志》和张怀瓘《书断》等，都认为石鼓文系周宣王时史籀所作。可是，遍考史书，未见有周宣王在岐阳（在今陕西岐山歧阳）田猎之事，似与刻诗内容不符。

武亿《金石跋》认为，石鼓文作于汉代，唯一的理由是石鼓文提到天子驾六马，而汉代天子有驾六马之制。可是，他忘记了秦代亦数尚六，亦有皇帝驾六马之制。

清人俞正燮《答成君瓘书》指出，石鼓文作于北魏，其理由为："太平真君六年九月，杏城胡盖吴反。十一月诏扶风公元处真，平阳公慕容嵩、西平公寇提及尚书乙拔讨之，车驾西征。七年二月丙申，幸盩厔（今陕西周至），诛叛民；军次陈仓，诛散关氏。还幸雍城，田于岐山之阳。乙拔等破吴，吴遁走。三月，车驾旋轸。八月，吴死，传首京师。则鼓曰丙申，溯鳌屋之事也；云'天子来'，世祖也；云'嗣王'，谓五年太子晃副理万机、总统百揆也；云'公谓天子'，扶风四公也；云'吴人慜恆'，宋人雍、梁二州兵屯境上，助盖吴者遁也。《世祖纪》云'始光二年初造新字千余'，《周书·黎景熙传》亦言魏太武字义颇与许氏有异。今检石鼓文非籀文，又与《说文》异。自始光二年至太平真君七年，新字行已二十年。推石鼓为太武时物，其地合，其人合，其事合，其日合，其字画合。"俞氏提出的这些理由，似乎也是卓然有据的。

金人马定国主北周说。《金史·马定国传》云："石鼓自唐以来无定论，定国以字画考之，云是宇文周时所造。作辨万余言，出入传记，引据甚明。"顾炎武《金石文字记》也主是说："石鼓凡十，相传为周宣王猎碣。今读其文，皆浅近之辞，殊不及《车攻》《吉日》之宏深也。"并肯定了马定国从字画上与蝌蚪文、籀文、小篆等笔法作比较的方法。

另有一种意见，认为石鼓文是秦国的器物。此说又有秦襄公、文公、穆公、灵公、惠文王至秦始皇之间等数种主张。

南宋郑樵作《石鼓文释音》，基本解决了石鼓文作于何时的问题。他比较了秦斤、秦权文字后指出，石鼓文当作于秦惠文王后、秦始皇前（前310—前247）。今人罗君惕《秦刻十碣考释》有力地支持郑樵的观点："碣文与金文同者八十三，与秦文同者六十一，与《许书》同者一百一……碣文与金文、《许书》有同有不同，然与秦刻之权、量、诏书、碑碣，几尽相同；其不同者，唯一道字而已。"又云："秦未同文之先，其篆正方，多用古籀；同文之后则作长方，颇有省改。今案碣文正方，多用古籀。然与《诅楚文》互见者凡三十七字，其不同者有宣、一、道、中、晤、受六字；与始皇、二世之权、量、诏书、虎符、碑碣互见者凡六十二字，其不同者仅一道字而已。盖时代愈近则相同愈多也。故断十碣必在惠文与始皇未同文之时，复何疑乎？"罗氏举出七条理由论定石鼓文在秦惠文王至始皇帝之间制作。

  清末震钧《石鼓文集注》和《天咫偶闻》指出，石鼓文作于秦文公时代（前765—前716），理由是石鼓文中有"汧殹沔沔"之句，正与《史记·秦本纪》所记秦文公率兵七百人东猎至于汧、渭之会的事件相合。这条证据正是上述罗氏七条理由以外的证据，并非毫无道理。

  马衡《石鼓为秦刻石考》主张它们作于秦穆公时代（前659—前621），马氏的结论是在比较了石鼓文字与《秦公簋》文字后得出的。

  郭沫若作《石鼓文研究》，批评了前人仅从字形的比较上着手研究的方法，考证了石鼓文中"𨛬"字的地理位置。他认为，这是汧水发源地蒲谷乡，也即秦襄公作西畤的所在地，就是石鼓的出土地，因而得出石鼓文作于秦襄公时代（前777—前766）的结论。

  唐兰《中国文字学》则主张石鼓文作于秦灵公时代（前424—前415）。根据《史记·秦本纪》记载，秦文公十三年（前753）"初有史以纪事"；再按《吕氏春秋·音初》记载，秦穆公时始有诗歌，因此石鼓文之作不可能早于秦穆公时代。同时，他找出一个新的确定石鼓文制作时代的原则，即铜器中用"朕"而不用"吾"作人称代词，用

"吾"时又不用"朕",用"朕"在前,用"吾"在后。秦景公时的铜器还都用"朕",而秦惠文王时的《诅楚文》都用"㫚"(即吾)字,故推断出石鼓文作于秦灵公时代。李学勤《东周与秦代文明》赞同唐兰提出的原则,同时指出石鼓文诗歌类似《诗经》风格,大约为春秋中晚期物。

探索石鼓文制作年代的问题,看来还有研究发展的余地,关心者当会不断看到还有种种"新说"问世。

《诅楚文》作于何时

《诅楚文》相传为秦石刻文字。战国后期秦楚争霸激烈,秦王祈求天神保佑秦国获胜,诅咒楚国败亡,因称《诅楚文》。《诅楚文》刻在石块上,北宋时发现三块,根据所祈神名分别命名为"巫咸""大沈厥湫""亚驼"。《诅楚文》有较高的文学价值、史料价值和书法价值。但由于史书没有记载《诅楚文》刊刻于什么时代,因而造成后世学者的争论。

宋朝欧阳修《集古录》根据《巫咸文》提到的楚王熊相,又根据《史记》记载战国后期秦、楚两国相争的情况,提出《诅楚文》不是作于秦惠文王时,便是作于秦昭王时,所诅咒的楚王不是楚怀王熊槐,便是楚顷襄王熊横。按《诅楚文》最早叙述的是楚成王与秦穆公时代的事,又有"十八世"的记载,再考楚成王至顷襄王正是十八世,故欧阳修更倾向于《诅楚文》作于秦昭王时代,所诅之楚王为顷襄王。后来,他作《真迹跋尾》,又倾向于《诅楚文》作于秦惠文王时代。

宋代对于《诅楚文》作于秦惠文王时代还是秦昭王时代,存在着激烈的论争。王厚之主张作于秦惠文王之时,并提出十八世当以秦为本位,从穆公算起,至惠文王恰好十八世。董逌《广川书跋》主张作于秦昭王时代。王柏《诅楚文考释》还力攻秦惠文王说,主要理由是

《诅楚文》中有称"嗣王"。秦称王自惠文王始,秦惠文王不可能自称"嗣王",自称"嗣王"者必定为秦昭王,并明确提出《诅楚文》作于秦昭王九年、楚顷襄王元年(前298)。

近世郭沫若作《诅楚文考释》,则主张《诅楚文》作于秦惠文王更元十三年、楚怀王十七年(前312)。其主要理由是,这年楚怀王因受张仪欺骗,发兵攻秦,战于丹阳,兵败后"乃悉国兵复袭秦,战于蓝田"。正是在这种严重的形势下,秦王才向神祈求保佑,而诅咒楚王。至于楚怀王名熊槐,而《诅楚文》作熊相,郭沫若认为是一名一字的矛盾;所谓"嗣王"也应理解为"承继先人"之意。

《诅楚文》究竟作于何时,还有待专家们继续探讨。

墨子是否姓墨

墨子是我国古代杰出的思想家、科学家。他在自然哲学、逻辑学、数学、物理学等领域均有丰富的思想成就。可是,他的姓名一直令后世学者困惑不解,说法有多种。

最传统的说法是,墨子姓墨名翟。《吕氏春秋》《淮南子》《史记·孟子荀卿列传》等都称他墨翟,《元和姓纂》明确说他是孤竹君之后,本墨胎氏,改为墨氏,"战国时宋人墨翟,著书号《墨子》"。以后《新唐书·艺文志》也沿用这种说法,影响较大。

南齐孔稚圭《北山移文》则称墨翟为"翟子",元代伊世珍《琅嬛记》也附和此说,并认为他姓翟名乌。清代周亮工《因树屋书影》更具体地提出:"以墨为道,今以姓为名。"一方面认为他姓翟,并由姓转变成了名;一方面认为"墨"是"道",是一种学派。近代学者江瑔《读子卮言》承袭周亮工的说法,并作进一步证明,以为古代确实有"翟"这种姓氏,但根本就没有"墨"姓,而且战国诸子中儒、道、名、法、阴阳、纵横、杂、农、小说等,都不是以姓名作为学派名,因此墨应该是学派的名称。

着力于墨子研究的近世学者胡怀琛,在其所撰《墨翟为印度人辨》一文中提出,墨既非姓,翟也不是姓,更不是名,而是"貊狄"或

"蛮狄"之音转,是用来称一个不知姓名的外国人。这样,墨翟成了外国人的姓名。

钱穆《墨子传略》从墨是古代刑名之一的角度展开研究,认为古人犯轻刑,则罚作奴隶苦工,故名墨为刑徒,实为奴役,而墨家生活菲薄,其道以自苦为极。墨子和弟子们都"手足胼胝,面目黧黑,役身给使,不敢问欲",人人皆可使"赴火蹈刃,死不旋踵"。这样,就被称为墨了。此外,汉淮南王英布因遭黥刑后称为黥布,也是一证。而翟确实是名,因为《墨子》和《吕氏春秋》记载墨翟,往往自称"翟"如何如何。墨子这位伟大的思想家、科学家的姓名至今仍难以确证,只有等待新的研究成果了。

● 墨子

篆刻　郑英旻

墨子故里在何处

墨子创立了墨家学说，历史上以"儒墨"并称，影响极大。然而，同这位古代世界的伟大思想家、科学家的姓名一样，他的出生地也仍是一个谜。

一说宋国人。《史记·孟子荀卿列传》附载墨子事迹曰："盖墨翟，宋之大夫，善守御，为节用。或曰并孔子时，或曰在其后。"这篇二十四字的传记颇为简略，只说他是宋大夫。后世学者据此推测他是宋国人，出生地也当在宋国。此说一直流行到清代。

一说楚国人。清毕沅注《墨子》时，根据《吕氏春秋》高诱注墨子为鲁人，以及墨子与鲁阳文君有关系，主张鲁应作楚鲁阳（今河南鲁山），墨子的故里当在鲁阳。

上述两说曾遭到梁启超的批驳。他在《墨子学案》中，根据《墨子·公输》"墨子归过宋"语，力证他不是宋国人。又《墨子·贵义》说"墨子南游于楚"，如果墨子是楚国鲁阳人，那么不应该说"南游于楚"，而应该说"游郢"。此后方授楚《墨学源流》、张纯一《墨子鲁人说》都对墨子宋人说、楚鲁阳人说，作了进一步批评。

一说鲁国人。晚清学者孙诒让作《墨子间诂》，并附作《墨子传略》，始提出墨子为鲁国人。主要根据是，《墨子·贵义》"墨子自鲁即齐"、《墨子·鲁问》"以迎子墨子于鲁"、《吕氏春秋·开春论·爱类》"公输般为高云梯，欲以攻宋，墨子闻之，自鲁往"等语，证明墨子为鲁国人。近年来，张知寒连续发表《墨子原为滕州人》《墨子里籍新探》等数篇论文，进一步明确指出，墨子的出生地应为古代邾国的"滥邑"（今山东滕州东南），滥邑后来归属鲁国，故可以说墨子是鲁国人。其主要理由有：墨子是宋国贵族公子目夷之后，史载滕州东南有目夷亭；墨子学说继承了邾娄文化的传统；邾娄号称"百工之乡"，而墨子的科技成就正是从工匠的实践中总结而成；墨子的生活习俗，从所穿的衣服鞋履来看，都是邾娄族所制。此外，滕州境内尚有与目夷相关的文物古迹，目夷、墨翟应是同音之转。

一说印度人。20世纪20年代胡怀琛撰《墨翟为印度人辨》《墨子学辨》等论著，从哲学、科学、文学、文字、风俗、器物、姓名、肤色、弟子等八个方面进行论证，大胆地提出"墨子出于印度""墨翟为印度人"的看法，引起当时学术界的关注和争鸣。

墨子故里究竟在何处，仍是一个疑问。

《墨子》作者之疑

墨子作为一个思想家、科学家,他的成就主要凝结在《墨子》一书中。由于此书存在纷繁驳杂的情况,哪些篇章属于墨子,哪些篇章系他的门人弟子的作品,历来是一个悬而难决的疑案。

据《汉书·艺文志》和《隋书·经籍志》记载,《墨子》七十一篇是宋大夫墨子所作。但令人生疑的是,部分篇章涉及的史事时间跨度很长,而且很多篇章中有"子墨子曰",其语气系他人引用墨子的言论而作为立论依据的,可见,《墨子》是间接反映墨子的思想,而不是墨子自己的作品。

到了晋代,隐士鲁胜为《墨子》中称"经"的《经上》《经下》《经说上》《经说下》四篇作注,并合称为《辩经》,认为这四篇是墨子亲自撰写的作品。

近人胡适《先秦名学史》,在确定《尚同》《尚贤》《兼爱》《非攻》等十一题篇章为墨子作品的前提下,提出《经》上下、《经说》上下和《大取》《小取》六篇,是称为"别墨"的后期墨家的作品。其主要理由是:《经》上下等六篇与《尚同》等十一题的篇章文体不同,理想不同,尤其是《小取》两称"墨者",他人撰写的痕迹明显,很可能是惠施或公孙龙的作品,或者出自惠施、公孙龙同时代人之手。

胡适的学说一提出，就遭到梁启超、张煊等人的批驳。梁启超、方授楚等将《墨子》中的篇章分成五组：第一组为《墨子》卷一《亲士》《修身》等七篇，因篇中杂有"甘井近竭，招木近伐""太盛难守"等道家语，故不是墨子作品；第二组为卷二至卷九《尚贤》《尚同》等十一题，每题三篇，应当有三十三篇，现仅存二十三篇，在流传过程中已有亡佚，这一组文章应当是墨家分为三派以后的作品；第三组为卷十、卷十一的六篇，其中《经》上下、《经说》上下，是墨子亲作，或其弟子记录墨子口述，《大取》《小取》是后学所著；第四组为卷十一中的《耕柱》和卷十二、十三，是墨子言行的记录，是研究墨子生平的可靠材料；第五组为卷十四的《备城门》《备高临》《备梯》等十一篇，是在秦国的墨家弟子的作品。由此看来，《墨子》断非出自墨子一人之手，而《经》上下、《经说》上下应是墨子亲作。

　　王廷洽作《论〈大取〉、〈小取〉》《〈墨子〉新探》，又提出六类的分法，其中把《大取》《小取》归为一类；把《经》上下和《经说》上下也归为一类，力证两《取》不是墨家作品，批评将两《取》混同于《经》上下和《经说》上下的说法为违背逻辑原理，肯定作为全书精华的《墨经》确是墨子的代表作。

李悝是李克吗

战国初期,李悝为魏文侯相,主持变法,农政方面有"尽地力之教"和"平籴法",刑法方面则著有《法经》,施行法治,从而使魏国迅速强大起来。《汉书·艺文志》著录有《李子》三十二篇,列为法家之首,已失传。然而,令人困惑的是,史书记载魏国另有一位李克,也曾任魏相,且有著作传世。这样,李悝是否即李克,还是两个不同的人?说法各异。

《史记·孟子荀卿列传》和《汉书·食货志》都说李悝"尽地力之教",可是《史记》的《货殖列传》和《平准书》也说李克"尽地力"。清朝崔述据此认为,李克是李悝的异名,悝、克一声之转。梁玉绳《史记志疑》也持同样观点,以为李克即李悝,其理由非常简单:李克是李悝之误。李悝即李克的说法,在当今史学界流行甚广。

另有学者力辩李悝、李克非一人。其主要理由是:《汉书·古今人表》列李悝、李克为二人;李悝是法家,而李克是孔子的学生子夏的弟子,属儒家;李悝在魏文侯时任相,而李克先任中山相,后任魏武侯相;《吕氏春秋》《韩非子》等书中,多处提到李悝、李克,也是明显地分为二人,且韩非对李克的言论思想往往多加批评。由此推断,李悝、李克并非一人。

李悝与李克是否为一人,至今仍难以判断,只能有待学者进一步考证和研究。

孙膑真的被剜去了膝盖骨吗

孙膑是春秋时期著名军事家孙武的后裔,年轻时与庞涓一起,从鬼谷子先生学习兵法。庞涓求功名心切,先行下山,凭借着才学当上了魏国的将军。但他心地狭窄,妒贤嫉能,自知不如孙膑,不欲孙膑日后的声名在他之上,于是就派人将孙膑接到了魏国。《东周列国志》演绎这段史实时记载:孙膑临下山时,鬼谷子先生为他改名"膑"。而庞涓得知后曾大惊失色,认为:"此非祥也,先生何作此举?"孙膑以"师命难违"应之。

不久,庞涓果然无法容忍孙膑的日渐受重视,捏造了他里通外国的罪名,严加拷打,最后动用了膑刑,剜去了孙膑的膝盖骨,又在他脸上刻了字,企图使孙膑永远无法行走,无法施展他的才能。孙膑"诈疯"使庞涓放松了对他的监视,暗地里会见了齐国的使者。齐使认为这是个奇才,就将他偷藏在车中带回齐国。孙膑通过"田忌赛马"展示了他的才能,被尊为军师;又通过"围魏救赵"狠狠打击了魏国;再精心安排了马陵大战,使庞涓智穷兵败,自杀身亡,并彻底打败了魏国。从此,孙膑名满天下。

孙膑虽然有着非凡的军事才能,但毕竟是个"刑余之人",齐威王一再任命他为主将,他都拒绝了。每逢出征,他总是坐在有帐幔的车子中出谋划策,从不在前线露面。过去的连环画描绘孙膑,也总是画他盘腿坐在车中的形象。人们一看到他的名字，就会想到他是个没有膝盖骨的人，永远无法站立，因为膑刑就是剜去膝盖骨。

孙膑真的被剜去了膝盖骨吗？近年有学者对此结论提出怀疑。

以著史严谨著称的司马迁曾多次提到了孙膑所受的膑刑。在《史记·太史公自序》中云："孙子膑脚，而论兵法。"在《报任安书》里，又提到"孙子膑脚，兵法修列"。如果说这里的"膑脚"还因为有个"膑"字而使人疑惑的话，那么，在《报任安书》中还有一段更明确的说明："……乃如左丘无目，孙子断足，终不可用，退而论书策，以舒其愤，思垂空文以自见。"此中的"断足"，明明白白地道出孙子所受的是断足之刑，即把脚砍掉。在《史记·孙子吴起列传》中也有同样的记载："庞涓既事魏，得为惠王将军，而自以为能不及孙膑，乃阴使召孙膑。膑至，庞涓恐其贤于己，疾之，则以法刑断其两足而黥之，欲隐勿见。"显然，在司马迁的记载中，我们只能看到孙膑被砍断了双足，而他的膝盖应该还是好好的。

那么，为什么千百年来人们一直都以为孙膑是被剜去了膝盖骨呢？李乔认为，这是由于人们对膑刑的变迁了解得不够。

"膑"的本义是膝盖骨，也可以指"胫骨"，《史记·秦本纪》所记的"王与孟说举鼎，绝膑"，《史记正义》就解释说："膑，胫骨也。"膑刑是周代以前的一种刑法，确实是指剜去膝盖骨。上古有五刑：膑、宫、劓、墨、死，膑刑即其中之一。但到了周代，膑刑改成刖刑，即断足之刑。故清代法学家沈家本在《历代刑法考》中说："唐、虞、夏刑用膑，去其膝头骨也。周用刖，断足也。""刖"字又借作"剕"，因此,我们常常在后世的史料记载中看到"刖刑"这一词。以刑法轻重而论,"刖刑"比"膑刑"要轻一些。施膑刑后,失去了膝盖骨,人从此不能行走;而受刖刑,虽失去了双足,但安上踊即假足仍然可以行走。东汉王符《潜夫论》曰:"孙膑修能于楚,庞涓自魏变色诱而刖之。"可见孙膑受的是刖刑。刖刑又分单足和双足,《孙子吴起列传》曰"断其两足",可见孙膑受的是双足刖刑。

上述分析可见,膑刑与刖刑是有着渊源关系的,正因如此,古人提到刖刑的时候也往往以"膑"字代之。《历代刑法考》说:"周用朔,断足也。凡于周言膑者,举本名也。"意思是:周代虽已改膑为刖,但在称谓上有时仍叫其本名即"膑"。处于西汉的司马迁所说的"孙子膑脚"应该就是这种情况。

要言之,"膑"字的本义是指膝盖骨,膑刑本身也是指剜去膝盖骨,而膑刑被改为刖刑后,人们又常常举其本名,所以,孙膑所受的刖刑便很容易使人误认为是剜去膝盖骨。当然,孙膑的名字也是加深人们印象的一个重要原因。孙膑的本名失考,世人是以他所受之刑的名称来称呼他的。既然"膑"是膝盖骨,那么就容易使人望文生义:以刑定名的孙膑,一定是被剜去了膝盖骨。

邓明也对孙膑受刑一事提出怀疑,他同意李乔所说"膑脚"即"断足"的结论,但不认为"膑脚"仅仅是"把脚砍掉"。他指出:先秦时期凡角质的兽足称为"蹄",用于牛、马、羊、豕等食草动物;带肉垫的兽蹄称为"蹯",用于虎、熊、豹、狐等食肉动物;趾端带尖甲的称为"爪",用于鸡、鹰、狼、狗等带爪动物;人之踝骨以下部分称为"足"。但"脚"在先秦却是指"胫",即今日所说的"小腿"。《释名·释形体》曰:"脚,却也,以其坐时却在后也。"古人席地而坐,小腿后折,叠于大腿之下,故把却在后面的小腿称为"脚"。至汉末,"脚"字方有足的含义,六朝时,"脚"已普遍用为"足"义,但这并不意味着先秦的"脚"也就是"足"。既然孙膑的时候"脚"不代表踝骨以下部分,"膑脚"自然不能译为"把脚砍掉"。

那么,"断足"到底指的是什么呢?在甲骨文中,"足"象人之下肢。宋人戴侗《六书故·人九》曰:"足,自股胫而下通谓之足,上象膝髌,下象跖。"清代朱骏声《说文通训定声》也说:"足,膝下至跖之总名也。从止即趾字,从口象膝形。"前人已将"足"所象形的部位说得清清楚楚。在《山海经》中共出现了五十七次"足"字,绝大部分是指人或动物的腿。这说明"足"的原义是指人的下肢或动物的肢体,只不过到了后来才转指人体踝骨以下部分或动物肢体的下端。因此,邓明认为,孙膑的"膑脚"或"断足"不是"砍去双脚",而应该解释为"砍去下肢"。

孙膑的故事家喻户晓,他被剜去膝盖骨的形象太为人熟知了,而如今他的"膑脚"却有了三种解释:剔去膝盖、砍去双脚、刖去下肢。孙膑到底受的是何种刑罚呢?这个问题不解决,许多历史普及读物特别是图文本该如何去表现孙膑刑后的形象呢?

● 孙膑　篆刻　郑英旻

商鞅死因之疑

商鞅是战国时政治家,卫国人,也称卫鞅。秦孝公时,因战功封商十五邑,号商君,因称商鞅。他先后两次变法,奠定了秦国富强的基础。公元前338年,秦孝公死,太子驷继位,即秦惠文王。公子虔等乘机诬陷商鞅"欲反",惠文王就下令逮捕商鞅,"车裂以徇",并灭其家。

商鞅被杀的原因,古今之人皆有定说。古人一般都归咎于商鞅的刻薄寡恩,用法太过。刚推行变法时,"法不行,太子犯禁",商鞅说:"法之不行,自上犯之",将法太子。因太子是嗣君,不可施刑,就"刑其傅公子虔,黥其师公孙贾"。虽然取得了"明日,秦人皆趋令"的效果,但却使公子虔等怀恨在心。因此,当支持变法的孝公去世,太子及其师傅就"挟怨而杀之"了。今人常用阶级分析法解释商鞅被杀的原因:商鞅变法触动了奴隶主旧贵族的利益,于是公子虔等就唆使太子出来捣乱,商鞅为了新法的顺利施行,只好将他们绳之以法。等太子即位,被压制的旧贵族立即反扑,诬告他谋反,这是古代君王最为痛恨的罪名,于是,商鞅也就必死无疑了。

但是在1996年,张子侠却指出了上述两说的破绽:

第一,《史记·商君列传》记载,太子犯禁是在新法初行之时。《史记·秦本纪》又载,商鞅变法始于秦孝公三年(前359)。秦孝公在位二十四年,太子驷"十九而立",以此推算,孝公三年时,太子尚未出生,又怎么会有太子犯禁而刑其师傅的事呢?

第二,如果说公子虔等是代表旧贵族的利益仇视变法,那么,杀害商鞅只是他们反攻倒算的开始,接下来的必定是全面废弃商鞅之法,但事实却不然。《韩非子·定法》说:"及孝公、商君死,惠王即位,秦法未败也。"贾谊《过秦论》说:"孝公既没,惠王、武王蒙故业,因遗册。"司马迁在《太史公自序》中也说:"鞅去卫适秦,能明其术,强霸孝公,后世尊其法。"可见,惠文王虽然杀了商鞅,但却继承了商鞅制定的政策法令,这说明他们之间并不存在什么政见之争。

如果古今关于商鞅被杀原因的分析都不能成立,那么,商鞅究竟为何被杀?张子侠认为完全是权利之争的结果。

《战国策·秦策一》有这样一段记载:"商君治秦,法令至行……孝公行之(十)八年,疾且不起,欲传商君,辞不受。孝公已死,惠王代后,莅政有顷,商君告归。人说惠王曰:'大臣太重者国危,左右太亲者身危,今秦妇人婴儿皆言商君之法,莫言大王之法,是商君反为主,大王更为臣也。且夫商君,固大王仇雠也,愿大王图之。'商君归还,惠王车裂之。"这段史料揭示了一个原本为人忽视的问题:商鞅在主持变法时权倾一时,太子等必定感到不安和不满,孝公临死还要将王位传给商鞅,这更是太子所不能容忍的,这一矛盾是无法调和的,因此惠文王不会容许商鞅的存在。

在实行嫡长子继承的中国古代,秦孝公有无可能产生禅让的想法？张子侠的回答是肯定的。"禅让"之说最早出自墨家，墨子主张"尚贤"，便假托尧舜禅让的故事来推行其政治主张，甚至提出"选择天下之贤可者，立以为天子"。战国时期，墨家已成为显学，禅让说也成了一股思潮。秦孝公刚即位就颁布求贤令，表示"宾客群臣有能出奇计强秦者，吾且尊官，与之分土"，此举一方面是受形势所迫，另一方面也是受墨家的"尚贤"思想影响。商鞅原是魏国弃之不用的人，秦国重用了他就富国强兵，魏王大为后悔。所以，用不用商鞅，是秦魏间的一场人才争夺战，秦孝公为了让因变法而强大的局面能长期保留下去，想传位于商鞅也是极有可能的。

事实上，商鞅在秦主持变法二十余年，孝公对他言听计从，军政大权集于一身，达到"人畏鞅甚于秦君"的地步，对此，太子早就不满于心。孝公的"欲传商君"，等于是点燃了这场权利之争的导火线。正因为是危及自己的王位，惠文王才会如此急不可待地在即位之初就大开杀戒。商鞅之死，与其说是死于他的"用法太过"，还不如说是因为他的"权势太重"。

● 商鞅
篆刻　郑英旻

苏秦曾经身佩六国相印吗

苏秦是战国时期纵横家的主要代表,人们都熟悉他以锥刺股,发愤苦读,最终功成名就,身佩六国相印的故事。根据《史记·苏秦列传》的记载,苏秦能言善辩,先后赢得各国国君的信任,"于是六国从合而并力焉,苏秦为从约长,并相六国"。两千年来,司马迁笔下所描绘的苏秦的事迹广为流传。然而,1973 年长沙马王堆三号汉墓出土的帛书修正了司马迁的一些记载;20 世纪 90 年代末,学者周骋又对苏秦相六国的传统说法提出了质疑。

首先,当时的历史状况不允许会有缔约发生。按《史记》的记载,苏秦先后去游说周显王、秦惠王、赵肃侯,却都没有能够打动他们。当他来到燕国,也蹉跎了一年多才见到了燕文公。但他最终说服了燕文公,并得到燕的资助,再次访赵,开始了他的合纵反秦事业,这时是周显王三十五年(前 334)。而合纵的解散,按照《史记》的记载:"齐、魏伐赵,赵王让苏秦。苏秦恐,请使燕,必报齐。苏秦去赵,而从约皆解。"此事是发生在周显王三十七年。也就是说,苏秦相六国只能发生在这三年之中,而恰恰有许多史料可说明,这三年中,缔约的必要性和可能性都不存在。

周显王三十五年,韩国之君还是昭侯,而苏秦要与之晤谈的宣惠王要到次年才即位；秦又败魏于雕阴，如果缔约已成，秦不会如此嚣张。因此，这一年不可能完成合纵之约。三十六年，秦与魏、赵与魏、齐与楚之间都有战事发生，说明至少有四个缔约国处在战争状态，因此，这一年也不可能缔约。三十七年，魏因与秦较量失利，"纳阴晋与秦"；齐魏联合伐赵；齐趁燕丧，伐燕取十城……我们知道，在各谋己私的诸侯国中，只有在达成高度谅解的基础上才有可能缔约，而这些国家处于或刚刚脱离交战状态，就立即修好缔约，旋即又打得一片混乱，这实在有悖于情理。这一年中可能有过一段休战时期，但要完成一项需六国共同参加的合约是无论如何也来不及的。这就是说，历史没有为苏秦的合纵在时间上留有余地，相六国又从何谈起？

其次，合纵抗秦还无法引起各国共鸣。秦的威胁是合纵的基础，但在上述三年之中，秦的国力还不算很强，其造成危害的性质和规模都还不足以达到使六国警觉乃至联成一体共同对敌的程度。当时，齐取代了魏的霸主地位，而秦开始向东方经营。秦东进的第一道屏障就是与之接壤疆界最长的魏国。因此，在周显王三十七年以前，秦的打击锋芒主要集中在魏国。对其他各国来说，当时的魏较秦更是害群之马。三家分晋之后，魏仍然以旧晋的继承者自居，欲行使旧晋在各国事务间的权利。除了燕之外，魏几乎与各国都交过战，掠获土地甚多。因此对各国而言，秦的威胁毕竟是一种远非当务之急的潜在可能性，遏制魏的侵掠要比共同抗秦更加迫切，即使各国君主在苏秦的开导下变得目光远大起来，也不可能在仓促间就能拼凑起一个反秦联盟。

其三，苏秦游说的法宝是晓之以害，诱之以利，但他的说辞经不起推敲的地方甚多。如他对燕王分析，燕的大患是赵国，而秦距燕数千里，"虽得燕城，秦计固不能守也"。因此结论是："秦之不能害燕亦明矣。"既然如此，燕为什么要与于己无害的秦为敌？又如他第一次到赵国游说不成，是因为赵肃侯之弟奉阳君为相，而"奉阳君弗悦之"。当他再次赴赵，奉阳君已死，他就成功地说服了赵肃侯。但事实上，其时奉阳君并没有死，二十多年后，赵武灵王为了推行胡服骑射，恳请其叔公子成予以支持，这公子成就是早年的奉阳君。赵肃侯当时还说："寡人年少，立国日浅。"这也不符合史实，其弟奉阳君都可以为相，肃侯还会年少吗？当时赵肃侯即位已逾十五年，"日浅"之说同样不可信。再如，齐国当时数挫强魏，拯救韩赵于覆灭，其地位可视为东方盟主，苏秦却说齐"欲西向事秦"；楚国的国势正空前鼎盛，东灭强越，觊觎强齐，而苏秦也说其"欲西向而事秦"。这些说辞实在是属于无稽之谈。

其实，苏秦的最高成就是在燕国显赫过一时，在一般人眼里，以他早期的出身而言，能在燕国取得高官厚禄，这已是极大的成功。或许正是这种成功，为他相六国的神话提供了创作素材。苏秦与吴起、商鞅等不同的是，他并没有具体的治国方略，只是一味强调利害，而这类利害又极不固定，可以任意夸大或缩小，这种显得空泛的言辞，使他可以得逞于一国，而不能通行于天下。当时，夸大秦的威胁是他游说的核心，而随着时局的发展，到了各国对秦的进攻无招架之力的时候，苏秦的秦患论就成了先见之明。其后，各国联合、共同抗秦是一个较长时期的主题，因此苏秦其人其说受到长期关注也是正常的，而他相六国的神话，也是这种背景下时代所需要的产物。

苏秦成功地预言了秦对天下的兼并，历史应该给他一席之地。但是，他没有也不可能佩六国相印，这也应还历史以本来面目。

● 苏秦

篆刻　郑英旻

《孟子》作者之疑

《孟子》七篇是继《论语》以后最重要的儒家经典，记述了孟轲一生的主要言行，突出地记述了孟轲主张仁义、反对暴政和武力兼并的政治思想，以及"民为贵，社稷次之，君为轻"的民本主义思想。此书语言生动，比喻深刻，论证有力，文章气势雄伟，在我国历史上具有重大影响。然而，关于《孟子》一书的作者，历来有多种说法。

一、孟轲自著说。《孟子》的最早注释本，是汉代赵岐的《孟子章句》。赵氏在该书的《题辞》（即序）中说："孟，姓也；子者，男子之通称也；此书，孟子之所作也，故总谓之《孟子》。"元何异孙对此所作说明是："《论语》是诸弟子记诸善言而编成集，故曰《论语》，而不号《孔子》。《孟子》是孟轲所自作之书。"宋朱熹也从文章风格的匀称一致上，力证该书出自孟轲之手，他说："《论语》多门弟子所集，故言语时有长长短短不类处。《孟子》疑自著之书，故首尾文字一体，无些子瑕疵。不是自下手，安得如此好？"清阎若璩和魏源则从有无记述孟轲容貌上推断，《孟子》应为孟轲自著。阎氏在《孟子生卒年月考》一文中说："《论语》成于门人之手，故记圣人容貌甚悉；七篇成于己手，故但记言语或出处耳。"魏氏在《孟子年表考》一篇中云："七篇中无述孟子容貌言动，与《论语》为弟子记其师长不类，当为手著无疑。"

二、弟子辑成说。唐韩愈首先提出这一论点，他在《答张籍书》中说："孟轲之书，非轲自著。轲既殁，其徒万章、公孙丑，相与记轲所言焉耳。"此后，宋晁公武、清崔述又为之补充了三条理由。晁公武的《郡斋读书志》认为，《孟子》书中称诸侯都用谥号，"夫死然后有谥，轲著书时所见诸侯，不应即称谥"。崔述作《孟子事实录》认为，《孟子》所讲的历史事实和地理位置往往不合，"果孟子自著，不应疏略如此"。崔氏又认为，《孟子》对门人乐正子等都称"子"，"果孟子所自著，恐未必自称门人皆曰子。细玩此书，盖孟子门人万章、公孙丑等所追述，故二子问答之言，在七篇中为最多，而二子书中亦不以子称也"。

三、再传弟子辑成说。清周广业认为，"此书叙次数十年之行事，综述数十人之问答，断非辑自一时，出自一手"，是孟轲以其说传授于乐正子等，然后由乐正子及其门徒编辑成书的。

四、师生合著说。此说主张《孟子》由孟轲口授，其弟子万章、公孙丑整理成书。宋朱熹、清魏源是主张孟轲自著的，但都认为有孟子和弟子参加。朱氏指出："恐是其徒所见，孟子必曾略加删定也。"魏氏也说是万章、公孙丑二人口授而笔之书。此外，《史记·孟子荀卿列传》提到孟轲："退而与万章之徒序《诗》《书》，述仲尼之意，作《孟子》七篇。"今人杨伯峻认为，乐正子等皆称子，而万章、公孙丑不称，只能证明万章和公孙丑二人参与整理成书；《孟子》中提到的诸侯，死于孟轲之后的是梁襄王和齐宣王，但也仅后数年，万章、公孙丑整理时，当然要用谥号，从而进一步肯定了师生合著说。

诸说各有依据，但从争辩情况来看，似乎第四种说法较能为人接受。

庄子故里在何处

庄子名周,是先秦道家学派主要创立者之一,著有《庄子》一书。道教兴起后,庄周被尊为南华真人,《庄子》被尊为《南华真经》。他的哲学思想,以"清静无为"为主,鄙视富贵利禄,否认鬼神存在,认为一切事物处于不断的变化之中,一切事物都是相对的,其思想具有一定的辩证因素。他的文章想象丰富,辞藻华丽,富有浪漫主义色彩和幽默气氛,是先秦诸子哲理政论中文学艺术因素最为浓郁的篇章,对后世影响极大。然而,历史上记载庄子的故里极为简略,《史记·老子韩非列传》仅说:"蒙人也。"并未指明何国何处之蒙。蒙地在战国时曾有三处,庄子故里究竟在哪一处,歧说不一,至今争论未息。

一说山东冠县。裴骃《史记集解》曰:"《地理志》,蒙县属梁国。"梁国即魏国,魏迁都大梁后又称梁国,魏国疆土犬牙交叉于列国之间,西起今陕西,中经河南、河北,东至山东。战国时,

● 庄子(《三才图会》)

有一个蒙县设在今山东冠县境内，《汉书·地理志》也曾说蒙县属梁国，所以庄子的故里在山东冠县。

一说河南商丘。司马贞《史记索隐》引刘向《别录》云：庄周，"宋之蒙人也"。宋国为殷商后裔，其地位于今河南东部，以及接近河南的山东、安徽、江苏的部分地区。商丘曾是宋国都城。《史记·宋微子世家》言："杀湣公于蒙泽。"《集解》注引贾逵语曰："蒙泽，宋泽名也。"又引杜预的话说："宋地梁国有蒙县。"原来，这个"梁国"不是指魏国，而是指宋国的某地，它内有一县，叫做蒙县。郦道元《水经注》于汳水系蒙县下曰："即庄周之本邑也。（庄周）为蒙之漆园吏，郭景纯（郭璞）所谓漆园有傲吏者也。悼惠施之没，杜门于此邑矣。"汳水自西向东，流经河南商丘之北。可见，庄子故里应在河南商丘。

一说安徽蒙城。《史记·老子韩非列传》记载了这样一件事：楚威王闻庄周贤，派使者持重金去请他，并许以为相，庄周不为所动，笑辞楚使，终身不仕。张守节《史记正义》也曰："庄子钓于濮水之上，楚王使大夫往，曰：'愿以境内累。'庄子持竿不顾。"据《水经注·淮水篇》记载，"濮水即沙水之兼称"，而当年沙水即流经今安徽涡阳、蒙城一带。北宋元丰元年（1078），曾建庄子祠于安徽之蒙城县，苏轼为之作《庄子祠记》，当时王安石《蒙城清燕堂》诗，有"民有庄周后世风"句。既然安徽蒙城县有庄子祠，庄子故里就该在此。

《离骚》出自于谁手

《离骚》是我国第一首长篇抒情诗,它感情浓郁,想象丰富,文辞优美,堪为我国古代诗歌的代表作,对历代的文学创作影响极大。它的作者,自西汉司马迁以来,都认为是屈原,似无问题。

屈原名平,字原,号灵均,自称是古代华夏族首领高阳氏的后裔。其较直接的祖先是春秋初期的屈瑕,屈氏是楚国贵族,与楚王同宗。屈原生活在战国后期,曾任左徒,参与国家政事,起草政令,接待宾客,有时也充当使者。在秦国兼并六国的目的越来越明显时,主张联齐抗秦。时纵横家张仪自秦赴楚,劝楚怀王亲秦绝齐,以割地六百里的空言为饵。怀王贪图土地,轻信张仪之言,断绝

● [清]陈洪绶《离骚图像·屈原》

齐、楚联盟。后怀王发现上当,遂发兵攻打秦国,结果损兵折将,且破坏了齐、楚关系。怀王又听信张仪之言,入秦讨商於之地,最后客死他乡。其间,屈原多次力谏,怀王不但不听,而且罢逐屈原。楚顷襄王即位,屈原被流放。相传,屈原有《离骚》《天问》《九歌》《九章》等长诗。史称屈原及其弟子宋玉、唐勒等人的诗作为《楚辞》。

但是,到了近代,却有人对此持怀疑的态度。清末四川人廖平(号季平)在《楚辞新解》中认为,根本没有屈原这个人,《楚辞》中题为屈原的作品,多半是秦博士的仙真人诗。接着,胡适又认为,历史上根本没有屈原其人。解放后,朱东润认为,《离骚》是西汉淮南王刘安的作品。刘安好读书,喜鼓琴,善文辞,崇黄老之学,曾受汉武帝命,作《离骚传》(或作《离骚赋》),又集门客作《鸿烈》(又称《淮南鸿烈》或《淮南子》),后因谋反事发,自杀。其论点主要有:《离骚》的作者熟习中原文化而不甚了解楚文化;荀悦《汉记》和高诱《淮南子叙》都指实淮南王刘安作《离骚传》;淮南王刘安应诏作《离骚传》,时在汉武帝建元二年(前139)十月;从内容来看,刘安的《离骚传》,即今本《楚辞》中的《离骚》。

然而,坚持《离骚》为屈原之作的学者提出反驳,主要理由有二:一、司马迁不仅在《屈原贾生列传》中提到屈原赋《离骚》一事,且在《报任少卿书》中也谈到,可见他是十分肯定的;此外,《汉书》的《贾谊传》和《艺文志》中,也肯定《离骚》的作者是屈原。二、《汉书·淮南王安传》和高诱《淮南子叙》,都说淮南王刘安作《离骚传》是"旦受诏,日食时上"。一个上午要写成一首数千字的长篇抒情诗,事实上是不可能的。刘安所作的,一定是对《离骚》的评介文字。这段文字已被司马迁引入《史记·屈原贾生列传》,即从"国风好色而不淫"至"虽与日月争光可也"的一段。

看来,虽有人怀疑《离骚》的作者是屈原,却是证据不足,影响也很小,只能聊备一说罢了。

● 屈原
篆刻　郑英旻

"扶桑"作何解

在浩如烟海的我国古代文献中,扶桑之名最早见于《楚辞·离骚》:"饮余马于咸池兮,总余辔乎扶桑。"然而,扶桑究竟该作何解释?至今悬而未决。

汉代王逸为《楚辞》作注释,曰:"扶桑,日所扶木也。"《说文解字》云:"扶桑神木,日所出。"看来,他们承袭一些古老的传说,把扶桑当作神话中与太阳所出地有关的树名,是一棵日出其间的东方大树。这样,便构成一幅美妙的图画——扶桑树上悬着数个太阳或数只太阳鸟。此后,日出扶桑又被引申为东方扶桑,不再与太阳联系在一起,只看作是东方的一棵神树。但由于扶桑与东方联系在一起,经过后人一再引申,就使扶桑成了一个难以捉摸的名词而众说纷纭。

一说扶桑指曲阜及其周围一带。此说以刘夫德《扶桑考》为代表,通过对《楚辞·离骚》"饮余马于咸池兮,总余辔乎扶桑"的深入考证,认为扶桑是指考古学上鲁南、苏北一带的青莲岗—大汶口文化区。确切地说,是指曲阜及其周围一带。

一说扶桑指墨西哥。18世纪、19世纪以及近代许多西方学者,依据美洲大陆考古出土的文物,如碑刻、带有象形文字的陶器、古钱等,经过仔细比较研究,认为美洲大陆的文物与中国上古的文物十分相似,而有关扶桑国的记叙,又与墨西哥所处的地理位置相吻合,由此大胆推测,中国汉代以后文献中所记载的扶桑,很可能就是指墨西哥。随着时间推移,这种看法遇到挑战。罗荣渠《扶桑国猜想与美洲的发现》一文,从扶桑木的特征、古代远洋航海、"石锚"产地、古文化传播规律等多方面作深入的辨析,否定了扶桑在美洲的说法。

一说扶桑指日本。这一观点以中国权威性辞书《辞海》(2009年版)为代表,此书"扶桑"条释文第二义说:"按,其方位约相当于日本,故后相沿用为日本的代称。"主要根据是:一、《隋书·东夷传》记载说,日本曾在一份致隋炀帝的国书中,自称"日出处天子",而称炀帝为"日没处天子",这样日出其间的东方大树扶桑,一定是指日本。二、唐代诗人王维曾为日本友人作过一首诗,叫做《送秘书晁监还日本国》,有"乡树(国)扶桑外,主人孤岛中"之句,既然唐代改倭国称日本,那么诗句中的扶桑,也就应该是指日本。三、我国近现代著名学者鲁迅和郭沫若在诗文中,曾一再用扶桑代称日本。

一说扶桑只是指一个东方的幻想国。这种观点以王元化《扶桑考辨》一文为代表,该文认为,所谓日本国书中提到的"日出处天子""日没处天子",是日本方面的自称,隋炀帝当时不仅没有承认日本是"日出处天子",而且因其无礼而加以拒绝,所以《隋书·东夷传》中仍称日本为倭国。王维诗句中出现的"扶桑",实际上也没有说扶桑就是日本。至于近现代学者的引申,则难以为证。所以得出结论,自古以来相沿以扶桑为日本的，并不是中国人，而是日本人。日本某些人以扶桑指日本，实乃以日出处自况，含有自大之意。在否定"日本说"的同时，王元化依据《日本历史大辞典》上的释文，进而提出扶桑只是指一个东方的幻想国的观点，认为这一经过日本学人反复探讨的说法，是持平的，也是较科学的。

扶桑究竟作何解释，仍有待于进一步探讨。

端午节由来之谜

农历五月初五,俗称"端午节"。"五"与"午"通,"五"又为阳数,故端午又名端五、重五、端阳、中天等,它是我国汉族人民的传统节日。这一天必不可少的活动逐渐演变为:吃粽子,赛龙舟,挂菖蒲、艾叶,熏苍术、白芷,喝雄黄酒。据说,吃粽子和赛龙舟,是为了纪念屈原,所以解放后曾把端午节定名为"诗人节",以纪念屈原。至于挂菖蒲、艾叶,熏苍术、白芷,喝雄黄酒,则据说是为了压邪。尽管端午节年年过,但是关于端午节的来历,却不甚清楚,归纳起来,大致有以下诸说。

一、纪念屈原说。此说最早出自南朝梁代吴均《续齐谐记》和北周宗懔《荆楚岁时记》的记载。据说,屈原于五月初五自投汨罗江,死后为蛟龙所困,世人哀之,每于此日投五色丝粽子于水中,以驱蛟龙。又传,屈原投汨罗江后,当地百姓闻讯马上划船捞救,一直行至洞庭湖,终不见屈原的尸体。那时,

● 龙舟竞渡(《点石斋画报》)

恰逢雨天，湖面上的小舟一起汇集在岸边的亭子旁。当人们得知是打捞贤臣屈大夫时，再次冒雨出动，争相划进茫茫的洞庭湖。为了寄托哀思，人们荡舟江河之上，此后才逐渐发展成为龙舟竞赛。看来，端午节吃粽子、赛龙舟与纪念屈原相关，有唐代文秀《端午》诗为证："节分端午自谁言，万古传闻为屈原。堪笑楚江空渺渺，不能洗得直臣冤。"

二、迎涛神说。此说出自东汉《曹娥碑》。春秋时吴国忠臣伍子胥含冤而死之后，化为涛神，世人哀而祭之，故有端午节。

三、龙的节日说。这种说法来自闻一多的《端午考》和《端午的历史教育》。他认为，五月初五是古代吴越地区"龙"的部落举行图腾祭祀的日子。其主要理由是：（一）端午节两个最主要的活动吃粽子和竞渡，都与龙相关。粽子投入水里常被蛟龙所窃，而竞渡则用的是龙舟。（二）竞渡与古代吴越地方的关系尤深，况且吴越百姓还有断发纹身"以像龙子"的习俗。（三）古代五月初五日有用"五彩丝系臂"的民间风俗，这应当是"像龙子"的纹身习俗的遗迹。

四、恶日说。据《史记》记载，孟尝君田文生于五月初五，其父曾令其母遗弃田文，理由是这一日生的孩子要害父。东汉《风俗通义》也有"五月五日生子，男害父，女害母"的说法。东晋大将王镇恶五月初五生，其祖父便给他取名为"镇恶"。宋徽宗赵佶五月初五生，从小寄养在宫外。可见，古代以五月初五为恶日，是普遍现象。这样，在此日插菖蒲、艾叶以驱鬼，熏苍术、白芷和喝雄黄酒以避疫，就是顺理成章的事。

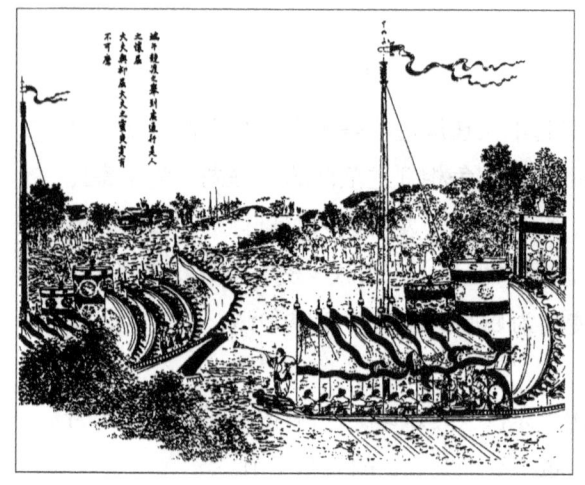

● 赛龙舟（《点石斋画报》）

五、夏至说。持这一看法的刘德谦在《"端午"始源又一说》和《中国传统节日趣谈》中，提出三个主要理由：（一）权威性的岁时著作《荆楚岁时记》并未提到五月初五日要吃粽子的节日风俗，却把吃粽子写在夏至节中。至于竞渡，隋代杜台卿所作的《玉烛宝典》把它划入夏至日的娱乐活动，可见不一定就是为了打捞投江的伟大诗人屈原。（二）端午节风俗中的一些内容，如"踏百草""斗百草""采杂药"等，实际上与屈原无关。（三）岁时风物名著《岁华纪丽》对端午节的第一个解释是："日叶正阳，时当中夏。"也即端午节正是夏季之中，故端午节又可称为天中节。由此看来，端午节的最早起源当系夏至。

诸说纷出，而以纪念屈原说影响最为广泛。由于屈原的人格伟大，诗艺超群，人们也愿意把这一纪念日归之于他。

长平之战"坑杀降卒四十万"吗

长平之战发生在周赧王五十五年（前260），是秦国与赵国之间的一场大战。周赧王五十二年，秦攻下了韩国的南阳郡，切断了上党郡与韩国本土的交通往来。上党郡守冯亭不愿降秦，就把上党献给赵国，目的是将秦的兵锋引向赵国，减轻对韩的军事压力。赵国出兵去接收上党，而秦出兵攻取上党，于是，一场大战一触即发。老将廉颇率赵军退守长平（今山西高平西北），以逸待劳，阻止秦军东进。赵孝成王却听信秦的离间计，派名将赵奢的儿子赵括接替防守。赵括只会纸上谈兵，骄傲轻敌，居然被围困于长平。最后突围不成，几十万大军投降秦国。秦将白起只把年幼者二百四十人放回报信，其余的四十万将士全部被活埋在长平。《西游记》中说：为了超度这几十万冤魂，唐太宗才派玄奘到西天去取经。直到20世纪，山西高平县境内还常常有箭镞、尸骨出土，估计是古战场遗址。长期以来，只要提到长平之战，几乎所有的古代史著作都会说，四十万降卒全被坑杀，赵国从此一蹶不振。

长平之战是否坑杀了四十万降卒？舒咏梧提出了异议。

首先从双方可能参战的兵力作一下宏观分析。当时秦赵两国各拥有多少兵力没有确切统计资料，必须从两国可能拥有的总人口来推断。

据杨宽所著《战国史》的分析，"战国七雄"的总人口约为二千万，如照赵国极盛时期的疆域推算，赵国的总人口当在二百三十三万左右。而秦国人口按《汉书·地理志》所言，"秦地天下三分之一，而人众不过什三"，当拥有六百余万人口。按人口有机构成的规律：剔除一半女性人口，再剔除百分之四十到五十的十五岁以下、六十岁以上及其他病残人口，那么，在长平之战之前，赵国应服兵役的人当在五十万到六十万，而秦国则应在一百五十万以上，这是两国最大可能拥有的总兵力。

但是，长平之战并非两国的殊死大决战，双方都不会出动全国的兵力去参战的。从赵国方面讲，在长平之战前几年，相国田单对赵奢用兵"必负十万、二十万之众"颇有微辞，认为这样会"使民不得耕种"。用兵超过全国男劳力的三分之一，国家赖以生存的农业就无法维持，因此可以推断，并非殊死大战的长平之战，赵国出动的军队不会超过二十万。从秦国方面讲，秦与楚国进行全面大决战时，秦王政与名将王翦经过讨价还价，才决心"空秦国甲士"，动用了六十万，这是秦国用兵的最高纪录，长平之战当然不能与灭楚之战相提并论。况且，秦国在参战之初只派了一个十等爵位的左庶长王龁为将，此人并无显赫战功，秦王不会轻易派过多的军队由他指挥。但其兵力应不少于赵军，可以推断为三十万。后来，秦王得知赵国以赵括为将，就秘密委派白起去统帅秦兵，并且在离长平较近的河内郡征发十五岁以上的丁壮去增援。按上述方法推算，当地全部丁壮不过十余万人，因此，秦国参战的总兵力最多不过四十万人。既然，参加长平之战的赵军不过二十万，秦军也不过四十万，那么，坑杀四十万降卒就值得怀疑了。

其次，可以从军事常识来分析。秦将白起，作战所向披靡，他能在长平将赵军打败，而且杀戮较多，这是可信的。但是若说他能用四十万军队包围同等数量的赵军并将他们活埋，这就使人难以信服。《孙子兵法》云："十则围之，五则攻之。"如果真要把四十万赵军包围长达四十六天，而且后者怎么也突不出重围，秦军少说也得有上百万之众。

其三，可以用先秦史料来作定量分析。通观《战国策》全书，有关长平之战当事人如白起、廉颇、平原君、范雎等的记载，均未直接提到活埋四十万赵卒的事，只讲到"大败赵师""死者十之七八"等，这些只能证明赵国吃了个大败仗。荀子、吕不韦、韩非等都是长平之战时期的人，在他们的著作中虽提到秦夺走上党之地数百里，但也都无坑赵卒四十万之说。唯有《战国策》中记蔡泽被赵国驱逐，后入秦游说范雎时，提到白起"北坑马服，诛屠四十余万之众"。但这仅是孤证，而且出于对赵国不满的说客之口，不能没有夸大的成分。

其四，从历史的发展来看，长平之战后第二年，秦国又大举伐赵，用兵规模超过长平，"三军之俸，有倍于前"。虽然一度进围赵国都城邯郸，但最终秦军反而吃败仗（当然，有魏、楚援赵的因素）。秦昭襄王五十六年（前251），燕国出动号称六十万的大军，两路攻赵，结果被廉颇、乐乘打得落花流水。这说明，如果赵国真的在长平之战损失了占全国丁壮十分之七八的四十万将士，那么，在几年的时间里，它怎么可能神奇般地再起强兵抗敌，还打了两次大胜仗？

事实上，历史上的许多战争，用兵数和杀伤数都是夸大了的。《三国志·魏志·国渊传》中记载，国渊如实地上报了斩首数，却使曹操大感奇怪，原来，那时"破贼文书，旧以一为十"，所以，夸大报数是相沿成习的事。再加上秦国是一个"上首功"的国家，夸大长平之战的战绩，自然也不是不可能的事。

舒咏梧的分析颇有道理，但是，要将无数历史著作造成的影响扭转，似乎还不是一朝一夕、一篇论文所能够做到的。

黄浦江与春申君有关联吗

春申君即黄歇（？—前238），楚国贵族，有门客三千并乐善好施，与孟尝君、信陵君、平原君一起，被称为"战国四公子"。他在楚顷襄王时任司徒，考烈王即位后任为令尹，封给淮北地十二县，并封为春申君。后来改封于吴，即现在的江苏苏州。

上海简称"申"，黄浦江又称申江、黄浦、歇浦、黄歇浦。人们发现，这些名称中或有"申"，或有"黄"，或有"歇"，都与春申君黄歇有联系。传统的解释是：春申君曾受封于申江（黄浦江）一带，并且曾经疏凿申江，因此，上海和黄浦江就与春申君黄歇有了千丝万缕的联系。

事实果真是这样吗？学者们并不同意。龚家政指出，在《史记·春申君列传》中清楚地记载着："（楚）考烈王元年，以黄歇为相，封为春申君，赐淮北地十二县。后十五岁，黄歇言之楚王曰：'淮北地边齐，其事急，请以为郡便。'并因献淮北十二县，请封于江东，考烈王许之，春申君因城故吴墟以自为都邑。"由此可见，"春申君"是黄歇受封淮北十二县时的封号，后来他改封江东，封号仍然沿袭，他的受封与申江并没有关系。

再从地理沿革来看，自公元前8世纪到公元6世纪的一千四百年间,长江南岸的海岸线一直是自江阴以下,沿嘉定的黄渡、青浦的盘龙镇、吴淞江的漕泾一线至杭州湾,现在的上海市区、浦东新区、奉贤和嘉定的大部、青浦的东部都是唐代以后由长江的泥沙淤积而成的。也就是说,在唐代以前,不存在"申"这个地方,也不存在"申江"这条江。那么,生活在公元前3世纪的春申君又怎么可能在申江受封,怎么可能去疏浚申江?

  黄浦的名称不见于汉唐时期的任何文献,最早的记载大概要数刻于南宋淳祐十年(1250)的《积善教寺记》碑文:"西林(指今浦东三林塘的西林)去邑不十里,东越黄浦,其南抵周浦,皆不及半舍。寺之在周浦者曰'永定',在黄浦者曰'宁国'而西林居其中,盖所谓江浦之聚也。"《读史方舆纪要》上也有了"黄浦在县东,大海喉吭也"的记载。但此中的"黄浦"还不等同于今日的黄浦江。今天的黄浦江实际上是明代永乐年间大兴水利后正式形成的。古代的太湖是由三条主要的大河承担其泄洪和蓄水的任务的,它们是:今浏河的前身娄江、今为苏州河的吴淞江,以及今黄浦江的前身东江。东江从秀州塘发源,由东南流至海盐注入东海,曾几次改道。南宋以后,原水域最宽广的吴淞江逐渐淤塞,每当雨季来临,太湖洪水来不及排放,而到了旱季又由于蓄水量不足形成干旱。于是,永乐年间,就有了上海有史以来最大的治水工程。这项水利工程使东江最后一次改道,形成了现在黄浦江的流向。这段历史告诉我们,"黄浦"这一名称的出现,与黄歇是没有关系的,而黄浦江的形成和疏浚,更与黄歇没有关系。因此,无论黄浦江叫不叫申江、黄浦、歇浦、黄歇浦,都与楚国贵族春申君黄歇风马牛不相及。

那么,为什么人们会一再将"申"或"申江"与春申君联系在一起呢?有一说可作研究线索:据《中国古今地名大辞典》记载,江苏江阴西面三十里,有申港,也叫申浦,其水东入无锡,西入武进,又北流入大江。《寰宇记》也说,江阴有申浦,春申君所开置。"申港"和"申江"仅一字之差,在吴语中又谐音,或许就是由此原因,人们才会把上海的申江附会成由春申君得名的吧!

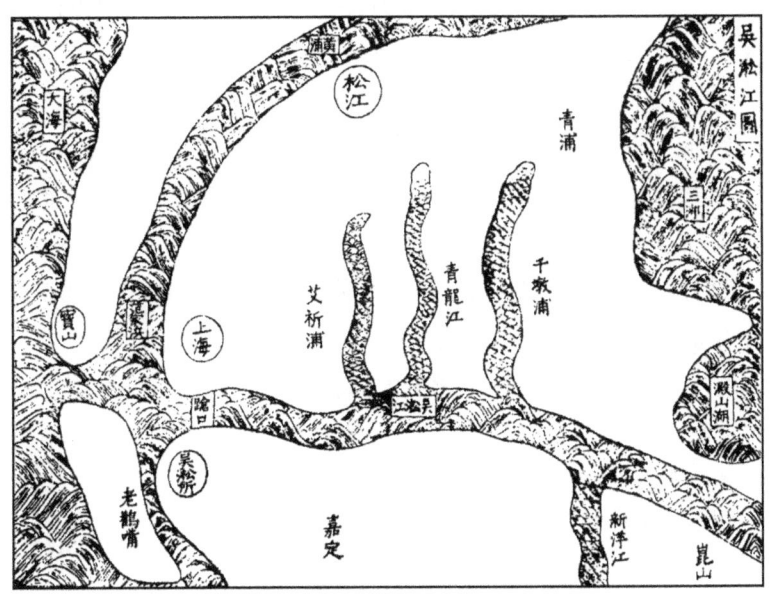

● 吴淞江(《三才图会》)

春申君是公子吗

作为楚顷襄王时的左徒、考烈王时的令尹，春申君在楚国的政治舞台上活跃了数十年，使危在旦夕的楚国一度出现复苏的局面。他的才能和声誉使他深得时人和后人的景仰。自司马迁以来，人们总是把春申君与齐国的孟尝君、赵国的平原君、魏国的信陵君相提并论，合称为"战国四君"或"战国四公子"。

然而，张兴杰等学者却对此提出异议，理由是上述四人不是一类人，孟尝君、平原君、信陵君确实是公子，但春申君却不是，他只是个"士人"。

所谓"公子"，在先秦的含义是"诸侯之子"也，后来才用在豪门子弟身上。他们有两个明显的特点：一是均为王公贵族之子，靠门第显身立名；二是本人往往不学无术，靠依附于门下的士人出谋划策。据此，我们来看看"战国四公子"的情况。

孟尝君是齐国丞相田婴的儿子、齐威王的孙子，平原君是赵惠文王的弟弟，信陵君是魏昭王的儿子、魏安釐王的异母弟弟，他们三人都是王家血统，名副其实的"公子"。他们之所以被封为"君"，唯一的原因也就在于他们是王亲国戚：孟尝君的父亲受封于薛地，被封为靖郭君，孟尝君是薛地的当然继承人，从而也就成为"君"；平原君的门客曾直截了当地对平原君说，赵王让您当宰相、封您为君，并不因为您是赵国最有才能的人，也不意味着您对赵国有什么特殊的贡献，只是因为您是赵王亲戚的缘故。而信陵君的哥哥安釐王即位后，大概感到不可太冷落了先父最小的儿子，便也封其为"君"。而春申君呢？他不是王公贵族的子弟，他与楚国的王室没有血亲关系，也没有姻亲关系，不仅如此，他的前辈家族甚至没有任何人在楚国或其他国家担任高官、享受厚禄。从姓氏上我们也可以看出迹象：孟尝君姓田，平原君姓赵，信陵君姓魏，分别是齐、赵、魏三国的国姓。楚国芈姓熊氏，但春申君姓黄，自然不是楚国的王姓而是庶姓，因此，春申君的身份与其他三君显然是有区别的。

再则，孟尝君等三人出身于王公贵族之家，锦衣玉食，无所事事，基本上属于不学无术之人。"鸡鸣狗盗""冯煖焚券"等人们熟知的故事已可说明孟尝君的判断能力和应变能力；秦围赵之邯郸时，平原君一而再、再而三地表示"胜（平原君的名字）也何敢言事"，让鲁仲连大叹"吾始以君为天下之贤公子也，吾乃今然后知君非天下之贤公子也"；信陵君虽为救姐姐而骤生"窃符救赵"的勇气，但真正起作用的还是侯嬴、朱亥。三君在紧要关头几乎都是个傀儡，是许多小人物的才能成就了他们"贤公子"的虚名。

春申君则不然，他之所以被楚国两代君主重用，是因为他"游学博闻""治国有术"。他虽然也像其他三君一样养有几千门客，但并没有事事依靠他们。我们从他为楚国做的最重要的两件事情中可以看出他的才能。

楚顷襄王二十六年（前273），春申君出使秦国，秦国正在积极筹划，打算联合韩、魏一同进攻楚国。春申君得知消息，已来不及将情报传回国内，即使来得及，楚国也无法抵挡三国军队的联合攻势。情急之下，春申君写下洋洋数千言的谏书，向秦昭王指出：秦、楚是当今最强的两个国家，秦若攻楚，就像两虎相斗，得利的是驽劣的马和狗。与其这样，秦不如善待楚国，让韩、魏等国无利可图。他还具体分析了秦不宜攻楚的两个原因，一是秦已够强大，够威风了，从物极必反原则看，秦不应贪得无厌，否则事情会走向反面。二是秦若联合韩、魏攻楚，不仅不能得益，还将受到两国的钳制。只要秦楚和好，韩、楚等国都会向秦称臣纳贡，天下将为秦国所有。秦昭王读了谏书，如梦初醒，立即下令停止攻楚，楚国因此转危为安。

其后，春申君又同楚国太子完一起，再次来到秦国作为人质，几年后，楚顷襄王病重，太子完要求回国，却遭秦王的拒绝。春申君对太子分析：如不能及时回国，一旦大王去世，你叔父的两个儿子一定会被立为王，这样，楚国的王位就旁落了。于是他设计让太子化妆逃离秦国，自己留下来顶罪。秦王得知后大怒，欲逼令其自杀，幸好有应侯在一旁劝阻："歇为人臣，出身以徇其主，太子立，必用歇，故不如无罪而归之，以亲楚。"这样，春申君才死里逃生。

在上述两件史事中，春申君的勇气和才干可见一斑。与另外三君相比，读者自可见其高下。正如元代学者许衡说的那样："战国之四君，其可称者，唯一春申耳。至如孟尝、平原、信陵三子，乃尸位素餐者也。"

春申君的出身和能力都与一般"公子"不同，因此，人们只能说他是"士人"而不能说他是"公子"。至于"君"这个称号，春申君也只能同商君（商鞅）、刚成君（蔡泽）、武安君（苏秦）等以才能、学识、功劳而受封的"君"相提并论，却不能与凭血缘、姻亲、地位而封"君"的孟尝君、平原君、信陵君们混为一谈。司马迁之所以将他们联系在一起，称为"战国四公子"，这是因为他好作类传，"作文章牵合之病"而造成的。后人一再因袭，就使"战国四公子"之称，成为不刊之论了。

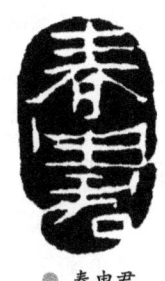

● 春申君
篆刻 郑英旻

韩非死因之谜

韩非是战国末期的哲学家，法家代表人物之一。他综合了商鞅的"法"治、申不害的"术"治、慎到的"势"治，提出以法为中心的"法、术、势"三者合一的封建君主统治术，对后世影响很大。

韩非本是韩国贵族，与李斯同为荀卿的学生，后两人一事韩王，一事秦王。韩非建议韩王富国图强，但却未得韩王的重视。他著《孤愤》《说难》《五蠹》等十万余言，寄托自己的政治理想。秦王读了他的著作后，大为赏识，说："寡人得见此人与之游，死不恨矣。"但当韩非真的来到秦国，却很快被送进了监狱，走上了不归之路。

关于韩非的死，自从王充《论衡》一书中讲了"韩非之死，乃李斯忌才所致"后，史家莫不踵其说。李斯与韩非虽是同学，但"斯自以为不如非"，因此当他得知秦王嬴政看重韩非的时候，害怕自己的地位受到影响，就伙同姚贾，对韩非进行诬陷。《史记·老子韩非列传》中记载说："李斯、姚贾害之，毁之曰：'韩非，韩之诸公子也。今王欲并诸侯，非终为韩不为秦，此人之情也。今王不用，久留而归之，此自遗患也，不如以过法诛之。'秦王以为然，下吏治非。李斯使人遗非药，使自杀。韩非欲自陈，不得见。秦王后悔之，使人赦之，非已死矣。"司马迁的记载，也使人们觉得"韩非死于李斯之忌才说"是史有定论的。

但是，也有学者不同意这种定说，他们认为：一、当时介绍秦王读韩非著作的正是李斯，如果李斯妒贤忌能，又何必多此一举？二、韩非的被囚被杀，不是在秦王欲对他加以重用之时，而是发生在"未信用"的情况下，可见，当时韩非的学说虽得秦王赏识，但在地位上还没有构成对李斯的威胁，在这种情况下，李斯有什么可以妒忌他的呢？三、李斯一生对韩非是十分钦佩的，直到秦二世即位，李斯被系狱中之时，他还多次用"韩子之言"劝二世实行申韩之治。这样的李斯，难道会忌才乃至置韩非于死地吗？

还有部分学者虽承认韩非之死，李斯脱不了干系，但其原因决不是"因忌而杀"。他们认为，李韩二人的矛盾有着深刻的政治原因。首先，他们的政治立场与政治态度不同，一个爱韩，一个忠秦，两国之间的矛盾斗争不断激化，势必会使李韩两人的关系不可调和，这种矛盾不是个人之间的恩怨问题。其二，李韩之间的矛盾是紧紧围绕赞成还是反对秦统一中国这个根本问题展开的。韩非是抱着"弱秦以卫国"的目的到秦国来的，李斯则站在维护秦统一六国的立场，对韩非使秦的政治目的和意图作了全面分析后，揭穿了韩非使秦的目的。他们之间的矛盾，是一场残酷的政治斗争。韩非被杀，是这场斗争的必然结局，集中反映了秦、韩之间矛盾斗争的尖锐程度，也表现了李斯辅佐秦王统一中国的决心和勇气，因此，"嫉妒"二字是无法说明这场斗争的实质的。

一部分学者认为韩非之死的主要责任应由秦王来负。秦王政即位后，对内加强君权，扫除妨害集权的障碍；对外则致力于兼并六国，统一天下，韩非的法治思想和君主极权论正符合他的需要，因此刻不容缓地要见韩非。而韩非虽然看到天下统一的趋势，但终究不忍于本国的宗庙社稷被毁，因此，他来到秦国后，不仅没有为统一献策，反而向秦王提出"存韩"的要求；只谈君主极权，不谈统一天下。这就与秦王的宏图产生了距离，秦王不仅不会重用他，而且还产生了怀疑：他是否韩国派来的奸细？在这种情况下，李斯、姚贾们才有可能"进谗言"，进而"遗非药，使自杀"，如没有秦王的默许，李斯等敢轻举妄动吗？《史记》虽然记载了韩非死后秦王感到后悔，但秦王既没有为死去的韩非正名，也没有追究李斯、姚贾的诬陷罪或擅自谋杀罪，这已经可以看出秦王在这一事件中的立场和态度了。当然，也有学者不同意上述观点，理由是秦王政对韩非的著作赞赏备至，为了得到韩非，不惜动用军队向韩国索取。而一旦韩非来到身边，却突然产生猜忌，甚至要置其于死地，这种"叶公好龙"的行为似乎太不合情理。

　　韩非究竟是死于李斯的"忌才"还是死于反对兼并的斗争？是死于李斯的诬陷还是死于秦王的猜忌？李斯杀害韩非是擅自行动还是得到秦王的授意？这些都是有关韩非之死悬而未决的问题，学者们的不同见解，或许能给您的思考带来一些启迪。

● 韩非
篆刻　郑英旻

田光自杀原因之疑

田光是战国时期燕国的处士,"为人智深而勇沈"。当时,燕太子丹一心想谋刺秦王,太傅鞠武就向他推荐了田光。田光对太子丹说:"臣闻骐骥盛壮之时,一日而驰千里;至其衰老,驽马先之。今太子闻光盛壮之时,不知臣精已消亡矣。虽然,光不敢以图国事,所善荆卿可使也。"田光以自己年老力衰为由,向太子丹推荐了荆轲,并马上动身去找他。临出门时,太子丹不放心地对田光说:"丹所报,先生所言者,国之大事也,愿先生勿泄也!"田光当即应允。他找到荆轲,敦促荆轲立即去见太子丹,并对荆轲说:"吾闻之,长者为行,不使人疑之。今太子告光曰:'所言者,国之大事也,愿先生勿泄。'是太子疑光也。夫为行而使人疑之,非节侠也。"又说:"愿足下急过太子,言光已死,明不言也。"随即,田光自刎而死。

以上是记载在《战国策》中、后又被司马迁详细收录在《史记·刺客列传》中的一段文字,司马迁在这里解释田光自杀的原因是:"欲自杀以激荆卿。"而从文字上看,田光的自杀与伍子胥逃亡时所遇到的渔丈人的所为差不多。

但是有学者从其他角度来看田光的死。

其一,虽然秦统一六国是大势所趋,但燕太子丹并没有看到这一点，因此，他为报个人之怨、为解国家之难，是不计代价、不择手段的。《史记索隐》引《燕丹子》曰："轲与太子游东宫池，轲拾瓦投蛙，太子捧金丸进之。又共乘千里马，轲曰'千里马肝美'，即杀马进肝。太子与樊将军置酒于华阳台，出美人能鼓琴，轲曰'好手也'，断以玉盘盛之。"可见太子丹拉拢杀手所用的手段是无所不用其极。在此之前，秦将樊於期因得罪秦王而逃到燕国，鞠武认为留不得，但太子丹坚决表示："丹终不以迫于强秦而弃所哀怜之交。"但在荆轲要求用樊於期的脑袋来取信于秦王时，太子丹虽"不忍"，却并不采取措施保护樊於期，致使荆轲直接去说服了樊於期自戕纳首。因此，可以说是太子丹默认了荆轲的做法。不择手段如太子丹者，又焉知他不会为保国大计不泄密而再牺牲一区区谋士田光？这里，暗示、威胁、授意，都有可能。

其二，田光早就预见到刺秦的后果。且不说以荆轲个人之力，谋杀秦王成功的可能性极小，即使获得成功，燕国的亡国之势也已经不可逆转。就如明代黄洪宪所说："当燕丹时，内无强力，外无奥援，而以孱国当枭鸷之秦，此谓卵抵泰山也。故刺秦亦亡，不刺亦亡。"事实上，荆轲刺秦失败后不久，太子丹就被秦国捉杀。覆巢之下，焉得完卵？作为刺秦的元凶之一，田光自知难逃一死，所以，不如提前一步死，也可释太子丹之疑。

其三，刺秦之途，是死路一条，因此荆轲临行时的场面是极其悲壮的。司马迁描写说："太子及宾客知其事者，皆白衣冠以送之。至易水之上，既祖，取道，高渐离击筑，荆轲和而歌，为变徵之声，士皆垂泪涕泣。又前而为歌曰：'风萧萧兮易水寒，壮士一去兮不复还！'……就车而去，终已不顾。"这一场景，不仅是送别，亦如送丧！田光知道这送死之人本该是自己，但自己却以年老力衰为由推辞，又推荐了荆轲，等于是将死的结局推给了荆轲。作为一个以"名节"立身处世的"士"，田光如能苟活于世上，他也无颜为"士"了。

人的思想，本来就是多维的，上述三说，从不同角度推测田光之死的原因，这对我们全面了解田光、了解太子丹，是不无裨益的。但究竟什么是田光自杀的终极原因，这还是个谜。

● 荆轲刺秦王（汉代画像石）

《山海经》作者究竟是谁

《山海经》是我国第一部描述山川、物产、风俗、民情的大型地理著作,又是我国古代第一部神话传说的大汇编。全书共十八篇,分为《山经》和《海经》两个部分。《山经》即《五藏山经》五篇;《海经》包括《海外经》四篇、《海内经》四篇、《大荒经》四篇和又一篇《海内经》。它以描述各地山川为纲,记述了许多当地的神话传说。其中《精卫填海》《夸父逐日》《共工怒触不周山》《女娲补天》《后羿射日》《大禹治水》《黄帝擒蚩尤》等神话传说,反映了中华民族的英雄气概,因而早已成为全民族的精神财富。此书来源甚古,但作者是谁,至今疑莫能定。自汉代以来,大致有四种说法。

一、作者不明说。最早介绍《山海经》一书的,是西汉的司马迁。他在《史记·大宛传》中说:"至《禹本纪》《山海经》所有怪物,余不敢言之也。"表明该书作者不明。

二、大禹、伯益说。大禹、伯益是离今四千余年,即公元前21世纪的人物。最早提出这一说法的是新莽时的刘歆,他在《山海经表》中说:"已定《山海经》者,出于唐虞之际……禹别九州,任土作贡,而益等类物善恶,著《山海经》。"接着,《列子》中记载说:"大禹行而见之,伯益知而名之,夷坚闻而志之。"东汉王充在《论衡·别通篇》中说："禹主行水，益主记异物，海外山表，无所不至，以所闻见作《山海经》。"《隋书·经籍志》云："萧何得秦图书……后又得《山海经》，相传以为夏禹所记。"记述虽有差异，但认为《山海经》系夏禹或与之同时的伯益所作，却成为历来的普遍看法。

三、出于众人之手，作于战国，成于西汉说。宋代的朱熹在《楚辞辨证》中首先提出，中国古代的神话集中于《楚辞》的《天问》篇中，《山海经》是根据《天问》而作。王应麟进一步引述朱熹的观点，认为"《山海经》记诸异物飞走之类，多云东向，或曰东首，疑本因图画而述之。古有此学，如《九歌》《天问》皆其类"。（古代《山海经》确有图画，晋郭璞曾为《山海经图》作《赞》，今《赞》尚存，图已佚。）明人胡应麟说："余尝疑战国好奇之士，本《穆天子传》之文与事，而侈大博极之，杂传以《汲冢纪年》之异闻。"以成此书。《四库全书总目提要》认为："观书中载夏后启、周文王及秦汉长沙、象郡、余暨、下隽诸地名，断不作于三代以上，殆周秦间人所述，而后来好异者又附益之。"今人袁珂则确切地说明："以今考之，实非出一时一人之手，当为战国至汉初时楚人所作。"并且提出："除《海内经》四卷是作于汉代初年而外，其余均作于战国时代。"应当是一部长时期的集体合作的著作。

四、近代许多学者提出《山海经》作者的新假说。卫聚贤《山海经的研究》和蒙文通《略论〈山海经〉的写作时代及其产生地域》等文认为，根据书中地名、物名、神怪图像，以及称书为"经""藏"等的说法，推断此书很可能是从印度至中国各地的一路记录。而这一记录者，就是战国时墨子的学生——印度人随巢子。这样，又为《山海经》的研究，开辟了新的探索思路。

然而，《山海经》的作者究竟是谁？仍有待新的论证。

印章起源于何时

使用印章作为信物，在我国已有很长的历史。可是，印章的使用究竟始于何时呢？因史无明证，后世遂产生种种猜测。

一、春秋战国说。马衡在其著作《谈刻印》(《凡将斋金石丛稿》)中指出，鉴于《周礼》《礼记》《左传》《吕氏春秋》《战国策》《韩非子》等古代典籍记载和出土的古印实物，认为印章起源于春秋战国时代。他说："稽之载籍，征之实物，大抵皆周金，且为晚周之物，夏商无闻焉。"又云："古印之起源，约当春秋战国之世。《周礼》虽有玺节之说，但其书绝非周公所作。春秋时始有玺书，至战国时而盛行。"罗福颐《对印章的认识》一文，也持同样观点，流传甚广。

二、商代说。尽管元代吾丘衍《学古编》主张三代无印，但仍有许多文献明载三代有印玺。唐朝杜佑《通典》说："三代之制，人臣皆以金玉为印。"明代甘旸《印章集说》引《逸周书》语"汤取天子之玺，置之于天子之座"，进一步指出商代已有印玺。随着地下文物的出土，黄濬《邺中片羽》著录了三方安阳殷墟出土的铜印，引起学术界的关注。徐中舒《殷代铜器足征说兼论〈邺中片羽〉》和于省吾《双剑誃古器物图录》等，都据此文物认为商代已出现铜质印玺。徐畅《商代玺印考证》，更提出夏末商初帝王有先行使用印玺的可能。如此看来，文献与实物交相验证，印章始于商代似无问题。

三、春秋说。沙孟海《印学史》，对那三方商代铜印作了一番研究后表示怀疑。他指出，那三方印玺有可能出自上层堆积，并说甲骨文中没有"印"字，也没有"玺"的初形"朩"字，金文中有"印"字，但不是印章之印，而是"抑"的初文，他认为春秋时代始有印玺。

避讳习俗始于何时

避讳是我国古代历史上一种特殊的习俗,即对君主和尊长的名字,不能直接说出或写出,如遇应讳的字,就要读白或写白,如林黛玉母名"敏",黛玉每逢此字,即读如密或米;汉武帝因名彻,遂改官爵彻侯为通侯;孔丘的"丘"字,在古文献中总是写作缺笔的"𠄌"等等。那么,避讳之俗起源于何时呢?

一说起源于夏商时期。钱希言在《戏瑕》中提出,避讳之俗夏商时已有之,证据是《山海经》中往往把夏后启写作夏后开,这就是夏人避讳的实例。但陈光坚《讳源略说》一文以为,避讳起自夏商的证据不足,《尚书》中对夏商国君的名字,都直书不讳,如《尚书·五子之歌》云:"太康尸位,以逸豫,灭厥德,黎民咸贰。"太康是继启之后的帝王,可是臣下并不避讳。《山海经》《楚辞》中之所以避启为开,乃是汉朝人按当时日趋严格的讳法,抄书时避汉景帝刘启讳所致。

一说起源于西周。《左传·桓公六年》说:"周人以讳事神,名,终将讳之。"《礼记·檀弓下》也说:"卒哭而讳,生事毕而鬼事始已。"因此,宋代洪迈《容斋三笔·帝王讳名》提出,避讳之制始于周代,但仅在本庙中避讳。生者避讳是很不严格的,当时有所谓"读书不讳""临文不讳""不讳嫌名"等,如《诗经·雝》"克昌厥后"以及

《诗经·噫嘻》"骏发尔私"中的"昌""发",都没有避讳。

一说起源于春秋时期。清代赵翼《陔余丛考·避讳》主张避讳习俗始于东周。其理由是,晋僖侯名司徒,宋武公名司空,鲁献公名具,鲁武公名敖,避讳之风兴起后,造成晋废司徒的官职,宋改司空为司城,鲁国改掉具、敖二座山名。他们都出生在西周末年,如果当时已有避讳之俗,为什么要为他们取那样的名字呢?陈光坚《讳源略说》也力主避讳之俗起自春秋时期。

避讳之风至唐、宋和清朝,极为盛行,学人探究其起源,是很有意义的。

先秦卷

穿胸国之谜

《镜花缘》中的多九公曾随海外王子漂游到南海岛屿，见到一群奇怪的人，他们披散着头发，口中学着鹿鸣虎啸，奉比翼鸟为神灵。尤其令人惊讶的是，他们的胸口都有一个碗大的孔，其尊者，往往在孔中穿上竹木，让人抬着自己走。相传，大禹治水时处决了不听号令的防风氏，防风氏的两个部下想替主人报仇，伺机想刺杀大禹。正待动手，突然电闪雷鸣，两个凶手吓得直打哆嗦，以为是苍天不容，就在自己胸口狠狠戳了个大洞，倒地死了。大禹出于恻隐之心，用不死之药救活了他们，但胸口的大洞却再也不能愈合。两个凶手见大禹以德报怨，无地自容，就漂洋过海，到极远的地方谋生去了。他们的后代胸口都有个大洞，所以人们称之为"穿胸国"。

● 穿胸国（《三才图会》）

《镜花缘》的记载虽然显得荒诞不经，但却不全是凭空杜撰的。我国的上古奇书《山海经·海外南经》就记载着这样一个"穿胸国"，也称"贯胸国"："不死民……一曰在穿匈国东。""贯胸国在其东，其为人匈有窍。"汉代刘安的《淮南子·墬形训》中也有"穿胸民"之说，高诱还在其下注释曰："胸前穿孔达背。"

有关"穿胸国"的记载在后世愈演愈奇，如晋代张华的《博物志》记载的穿胸民的由来是："穿胸国，昔禹平天下，会诸侯会稽之野，防风氏后到，杀之。夏德之盛，二龙降之。禹使范成光御之，行域外。既周而还至南海，经防风，防风之神二臣以涂山之戮，见禹使，怒而射之，迅风雷雨，二龙升去。二臣恐，以刃自贯其心而死。禹哀之，乃拔其刃疗以不死之草，是为穿胸民。"显然，《镜花缘》中对穿胸国由来的解释就来源于此。

元代，周致中的《异域志》又记载说：穿胸国人胸有洞，尊贵者脱去上衣，以竹木穿过胸上的洞，由卑贱者前后抬着走。俗谓防风氏的百姓，由禹杀其君，就刺胸，故有其人。这一记载，也完全为《镜花缘》所采用。

然而，按常理分析，竹木穿胸而过，必因行动时的晃动而鲜血淋漓，尊者何以忍受得了这般苦楚？即使不以竹木穿胸，胸口有碗口大的洞，又贯通胸背，这个人还能活命吗？因此，所谓"穿胸国"的传说应是不经之谈。

但是，略去后人演绎的成分，我们仍然不应无视于《山海经》的记载，《山海经》保留了许多上古时期山川形势、人物传说、动植物产的珍贵史料，其书对"穿胸国"言之凿凿，又当何以解释呢？

周士琦认为，"穿胸"是不可能的，但是，"穿鼻"却是可以的，"穿胸"无疑是"穿鼻"之误。据《后汉书·西南夷传》的记载，分布在永昌郡的古代西南少数民族哀牢人"皆穿鼻、儋耳"。而晋代常璩的《华阳国志·南中志》却说"永昌郡……有穿匈、儋耳种"。显然，二书记载的是同一地区同一民族的习俗，只是常璩将"穿鼻"因字形相近而误记为"穿匈"，而"匈"正是"胸"的古字。

"穿鼻"的习俗古已有之，唐代樊绰《蛮书》记载西南少数民族的"穿鼻"习俗："以径尺金环，穿鼻中隔，下垂过颐。若是君长，即以丝绳系其环，使人牵引乃行。其次者以花头金钉两枚，从鼻两边穿令透出鼻孔中。"可见，古代南方的少数民族确有"穿鼻"之事。无独有偶，大洋彼岸的美洲一些部落至今仍有挂鼻饰的习俗。他们将鼻中隔穿孔，挂着用椰子壳、珍珠贝或鳖甲制成的环或其他饰物，大可下垂到嘴部，甚至影响到嘴的张与合，以至于他们不得不将嘴张到极大才能吃到食物。

至于元人周致中关于"以竹木贯胸抬而行之"的记载，周士琦认为可能是从"以绳系鼻环牵而行之"误传而来的。

"天兵天将"究竟是怎么回事

在众多的志怪小说中,没少见"天兵天将",尤其是在《西游记》中,孙悟空与"天兵天将"的数次恶战,实在是让人眼花缭乱,精彩得很。通常,人们并不把它当回事,因为这充其量是小说家言,出于作者想象而已。

然而,在一些以记载翔实可信著称的笔记中,也有类似的故事,甚至在正史中,也出现"天兵天将"的记载,有的还提到车马军士的喧闹之声。如后唐马缟在《中华古今注》卷上中记载了夏禹大会诸侯

● [清]陈洪绶《离骚图像·云中君》　● [清]陈洪绶《离骚图像·东君》

于涂山时，出现的神奇景象："昔禹王集诸侯于涂山之夕，忽大风雷震，云中甲马及武士一千余人，中有服金甲及铁甲。不被甲者，以红绢袜其首额。禹王问之，对曰：'此袜额盖武士之首服。皆佩刀以为卫从，乃是海神来朝也。'一云风伯雨师。"这里，云中的军队有以红绢缠头的，恐怕不是夏禹常见的军队装束，因此夏禹才会发问。而这是哪一方诸侯军队的特殊服饰呢？周士琦认为，这可能是防风氏的军队。《史记·孔子世家》记载着这样一段话："(仲尼曰）禹致群神于会稽山，防风氏后至，禹杀而戮之。"梁任昉的《述异记》也说："昔禹会涂山，执玉帛者万国，防风氏后至，禹诛之。"这两段史料指出，当夏禹大会诸侯的时候，迟到的防风氏的军队正在赶往涂山的途中。那么，云中的甲马和武士，是否与防风氏的军队有关系呢？

如果说《述异记》之类的书籍还不能算是信史的话，唐宋八大家之一的欧阳修说的话可能更可靠一些。宋代宋敏求《春明退朝录》记载："欧阳少师言：为河北郡转运使，冬月按部至沧、景间，于野亭夜半闻车旂兵马之声，几达旦不绝。问宿彼处人，云：'此海神移徙，五、七年间一有之。'"既然其他人也听到这种声音，而且以前也曾发生过，那就决不是欧阳修的一时幻听了。

更奇妙的是《金史·五行志》的记载，不仅有声，还有布满天空的"神鬼兵甲"："(正隆六年）八月，复有云气自西来，黄龙见其中，人皆见之。是时，临潢府闻空中有车马声，仰视见风云杳霭，神鬼兵甲蔽天，自北而南，仍有语促行者。未几，海陵下诏南征。"我们知道，古代帝王往往先征调军队，再下诏出兵，以符合"兵贵神速"的用兵之道，那么，天空中出现奇异景象时，正应是海陵王调动兵马的时候，两者之间难道毫无联系吗？

不仅中国的古籍中有"天兵天将"的记载，外国的史籍中也不少见。1848年5月3日，二十位目击者看见维也纳附近的多菲纳上空有大批军队。1850年12月30日在百慕大地区上空，人们看见了士兵——幽灵出现在布德里克上空。从1888年8月1日起，连续三天长达几小时在赫尔瓦地亚的瓦兰斯金小镇地区，由手持闪光刀剑的军官指挥的马队在天空疾驰。类似的记载在英国人约翰·米切尔所著的《自然界的奇闻趣事》一书中还有不少。"天兵天将"在中外史籍中一而再、再而三地出现，再一味地说是出于作者的想象，就未免有些自欺欺人了。

那么，"天兵天将"究竟是怎么回事呢？宋代大科学家沈括在《梦溪笔谈》卷二十一中是这样解释的："登州海中，时有云气如宫室、台观、城堞、人物、车马、冠盖，历历可见，谓之'海市'。或曰'蛟蜃之气所为'，疑不然也。欧阳文忠曾出使河朔，过高唐县驿舍，夜有鬼神自空中过，车马人畜之声，一一可辨……土人亦谓之'海市'，与登州所见大略相类也。"这里，沈括对"蛟蜃之气所为"这一毫无科学道理的说法提出怀疑，相信"天兵天将"是由"海市蜃楼"形成的幻景，但是他还未能指出形成这一现象的真正原因。

明代的陆容已经初步意识到这是一种光学现象，他在《菽园杂记》中对"人马驰骤于烟雾之中，宛若人世所有"的现象是这样解释的："所谓'楼台'，所谓'海市'，大抵皆山川之气，掩映日光而成，固非蜃气，亦非神物。"

现代自然科学告诉我们，海市蜃楼是一种大气光学现象，由于温度的剧烈变化，产生了光线的折射和反射，导致远处的地面景物呈现在人眼前，直立于天空，形成奇异的幻景。根据这个道理，"天兵天将"应是地面军队的形象在天空中所映出的幻景。那么，夏禹大会诸侯时所看到的，很可能就是迟到的防风氏军队被映在天空的形象；《金史》中的"神鬼兵甲"，也就可能是海陵王南征前调动的兵马的形象了。

然而，天空中响起的车马声、枪炮声、人语声又是怎么回事呢？这同样是海市蜃楼造成的声音幻景，大气能折射光波，也能折射声波，不仅能进行图像的传递和扩大，还能进行声音的传递和增强。这一原理，沈括虽然还认识不到，但他已猜到欧阳修听到的"车马人畜之声"是海市蜃楼现象，这也已经是非常不容易的了。

总之，我们不能把古籍中的"天兵天将"一概看成是虚幻荒诞的，周士琦总结得很有道理：历史记载中的"天兵天将"包括天空中的车马声、战斗声，都是一种"海市蜃楼"现象，而神话小说中的"天兵天将"自然是出自作家的想象，但这种想象也直接或间接地、或多或少地受到了现实生活中海市蜃楼现象的影响。

"犀首"究竟作何解

在众多古籍中,往往称公孙衍为犀首。公孙衍先后任秦国大良造、魏国相国、将军等重要官职,曾佩五国相印,声名显赫,与张仪同为战国时期著名的纵横家,甚至在《孟子》里,也有"公孙衍、张仪岂不诚大丈夫哉!一怒而诸侯惧,安居而天下熄"的评论。然而,"犀首"究竟是官名还是称号,至今众说纷纭。

主官名说者,主要根据是《庄子·则阳》的《释文》注:"犀首,魏官名也。司马云:'若今虎牙将军,公孙衍为此官。'"但是,据考证,担任这种官职的人,在历史上仅能举出公孙衍一个,而且犀首既是魏官,公孙衍怎么在秦国时就称犀首了呢?

主称号说者,主要根据《战国策·秦二》的高诱注:"公孙衍,魏人也,仕于秦,当六国,号曰犀首。"此说又有犀首是公孙衍的专称和非公孙衍一人所有的统称两种说法。前者有《史记·张仪列传》为证:"犀首者,魏之阴晋人也,名衍,姓公孙氏。"显见,犀首是公孙衍的专称。后者依据《战国策·宋卫策》"犀首伐黄,过卫……卫君(即卫悼公)惧……南文子(卫大夫)止之"的记载,认为南文子与卫悼公、智伯(春秋末晋国四卿之一)同时,当为春秋后期人,文中提到的那位犀首,并不是公孙衍,很明显是一种统称。

比较上述两说，称号说似乎理由更为充分。《战国策·赵三》载公子魏牟访问赵国时，曾对赵王说："王之先帝，驾犀首而骖马服，以与秦角逐。"这样看来，以"犀首"与"马服"并称，马服是赵奢的称号，犀首无疑是公孙衍的称号了。是否可以推断，在春秋战国时，以"犀首"为称号的人，以公孙衍最为著名，故而许多古籍把这一称号归之于公孙衍一个人？

岐舌国之谜

《山海经》是上古时期一部重要的地理著作，它除了记录各地的山脉河流以及动物、植物、矿产等，还记载包括中国及中亚和东亚广大地区的一百多个邦国。当然，所谓邦国，很大部分仅是一些部落而已。其中有一些邦国的国名十分奇特，如结匈国、羽民国、讙头国、穿胸国、交胫国、岐舌国、三首国、长臂国、三身国、一臂国、奇肱国、长股国、一目国、柔利国、无肠国、聂耳国、黑齿国、玄股国、毛民国等等，如果顾名思义去想象这些国家的国民，种种奇形怪状，实在是使人难以置信。难道上古那些邦国的国民真是那么奇异吗？这里，让我们来看看"岐舌国"究竟是怎么回事。

我们知道，物有分支就称为"岐"，也可以写作"歧"。所以，有岔路叫"歧路"，有分歧叫"歧义"，《淮南子·原道训》还说："牛岐蹄而戴角。"意思是牛为偶蹄类动物，蹄子的前面是分开为二的，故曰"岐蹄"。而《山海经》中写到"岐舌国"时，晋代郭璞明明白白地注释道："其人舌皆岐，或云支舌也。"人真有两条舌头的吗？周士琦考证后认为有。

首先，动物就有可能是两条舌头。大家都知道古代有一种岐头蛇，《尔雅·释地》云："中有枳首蛇焉。"郭璞注曰："岐头蛇也。"谓其一端歧为二头，如树分枝，故名之。即使是现代，也还有岐头蛇出现，1991年10月23日的《北京晚报》，就记载着牟平县发现岐头蛇的新闻，说："小蛇长着两只头，长三十厘米左右，全身呈灰白相间颜色，在颈部同时长出两只头，爬行时双头分开，高高昂起，遇到障碍物时两头则叠加在一起。"既然岐头蛇有着两只头，那么，无疑也就有两条舌头。

现实中也有口中长两条舌头的人，法国有个人名叫菲利浦·迪安尼，是巴黎的建筑工人。他天生就有两条舌头，上下交叠。因为他的父亲讲法语，母亲却讲英语，他每讲一件事都要讲两遍。于是，他就逐渐尝试着用一条舌头讲法语，另一条舌头讲英语。经反复训练，他很快学会了两种语言，并且能用两种语言同时与父母交流，居然互不干扰。以后他就以表演特殊"口技"为生，常在各购物中心表演，吸引了许多观众，甚至还到电视台献技，收视率颇高。可见，人确实可以发生"岐舌"现象，《山海经》中的"岐舌国"应非无稽之谈。

《镜花缘》里描写了一个岐舌国，那里的国民舌尖分成两半，可以同时发两种不同的声音，尤其善于吹口哨。平时，他们不愿意别人看到他们古怪的舌头，但一旦他们做错了什么事，或者获得别人的帮助，内心十分感激的时候，就会把那条剪刀似的舌头一而再地吐出来。这个故事或许也有所本。

那么，为什么一国之人皆为"岐舌"，从而要被称作"岐舌国"呢？这可能是因为遗传基因发生异变所致。

周士琦认为，上古时期，交通闭塞，许多部落长期不与外界交往，只能一代又一代地近亲通婚，异变的基因就有可能遗传下来，这在上古并不罕见。即便是在现代，也有基因缺陷由于长期近亲结婚而扩散，最终导致整个部落均有缺陷的事实。在非洲热带丛林中的俾格米人，他们的身材异常矮小，男的平均身高 1.37 米，女子还要矮一些。科学家们发现，俾格米人血液中的生长激素虽与一般人一样，但是缺乏生长素介质的受体，从而造成生长激素在他们身上的作用很有限，因此身材普遍矮小。这种生长素介质缺陷就是一种多基因遗传病，而俾格米人正是长期与世隔绝，近亲婚配，逐步造成了整个部落的生长变异，这是近亲繁殖的后果。"岐舌国"的产生原因也可能是如此，长期的近亲通婚，使偶然出现的变异的遗传基因广为扩散，最终使一个部落大都产生"岐舌"。

周士琦的论证解释了上古时期的一个疑谜，各位读者，你们是否也有兴趣对《山海经》中的其他邦国，如无肠国、玄股国等作一番考证呢？我们期待着更多的疑谜的破译。

图书在版编目(CIP)数据

中国历史悬疑系列. 先秦卷/俞钢,范茇主编. —
上海:上海辞书出版社,2015.11
ISBN 978-7-5326-4353-0

Ⅰ.①中… Ⅱ.①俞…②范… Ⅲ.①中国历史-先秦时代-通俗读物 Ⅳ.①K209

中国版本图书馆 CIP 数据核字(2015)第 044046 号

中国历史悬疑系列·先秦卷
俞钢 范茇 主编
责任编辑/刘琼 封面设计/汪溪

上海世纪出版股份有限公司
辞书出版社出版
中国图书进出口上海公司 发行

2015 年 11 月第 1 版

ISBN 978-7-5326-4353-0/K·1002

www.ingramcontent.com/pod-product-compliance
Lightning Source LLC
Chambersburg PA
CBHW071226170426
43191CB00032B/1048